VIDA Y ENSEÑANZAS DE
RAMAKRISHNA

DISCOVERY PUBLISHER

Autor : Max Müller
Translator : Marcos Sánchez Rosales, Ana Bertho
Editor : Juan José Andrés
Editor en Jefe : Adriano Lucca

DISCOVERY PUBLISHER

dp

616 Corporate Way
Valley Cottage, New York, 10989
www.discoverypublisher.com
livres@discoverypublisher.com
facebook.com/DiscoveryPublisher
twitter.com/DiscoveryPB

New York • Tokyo • Paris • Hong Kong

TABLA DE CONTENIDO

VIDA Y ENSEÑANZAS DE
RAMAKRISHNA

Prólogo

En los últimos tiempos, el nombre de Râmakrishna ha sido tan citado en periódicos indios, estadounidenses e ingleses que me ha parecido oportuno realizar un informe más competo sobre su vida y su doctrina. Esta obra no solo pretende dirigirse a los interesados por la situación intelectual y moral de la India sino también a aquellos a los que el crecimiento filosófico y religioso, más allá de las fronteras, no les es indiferente.

Por ello, he intentado recabar tanta información como me ha sido posible sobre este Santo indio que ha fallecido hace relativamente poco tiempo (el 16 de agosto de 1886). Parte de esta información ha sido brindada por sus propios discípulos más abnegados pero también por periódicos indios, revistas y libros en los que se han recogido los principales eventos de su vida, su pensamiento y sus enseñanzas religiosas, ya sea desde una perspectiva favorable o desfavorable.

Independientemente de lo que se pueda decir de las aberraciones de los ascéticos indios a los que perteneció Râmakrishna, seguramente algunos de ellos merecen nuestro interés o incluso nuestra simpatía más generosa. Las torturas que algunos de ellos, — que apenas merecen llamarse Sannyasins, ya que no son mucho mejores que juglares o Hathayoguis —, se infligen son precisamente los medios ascéticos por los que tratan de dominar y esconder sus pasiones. Estos medios que en un estado de exaltación nerviosa exacerbada van acompañados de momentos de trance o de prolongados desmayos son ampliamente conocidos por cualquiera que haya vivido en La India o haya tenido contacto, no solo con Rajás o Maharajás, sino también con todos los elementos e individuos que constituyen el intrincado sistema de la sociedad india.

Aunque lo que se haya dicho de estos mártires de cuerpo y alma haya sido exagerado en algunos casos, hay bastantes hechos reales que, a pesar de haber perdurado de manera residual, pueden despertar nuestra curiosidad. En un momento en el que pocos Sannyasins verdaderos dedican sus pensamientos y meditaciones a los problemas filosóficos y religiosos, sus enunciados influyen en las grandes multitudes que se reúnen a su alrededor en su propio país. En consecuencia, estos pensamientos atraen sin remedio nuestra atención y simpatía, especialmente cuando, en el caso de Râmakrishna, por ejemplo, sus doctrinas son promulgadas por fervientes defensores no solo en la India sino también en Estados Unidos e incluso en Inglaterra.

No debemos preocuparnos porque los Sannyasins de La India encuentren adeptos o imitadores en Europa, tampoco sería conveniente que los encontrasen aunque esto permitiera llevar a cabo investigaciones metafísicas o experimentos en laboratorios físicopsicológicos.

Pero al margen de todo esto, un conocimiento más profundo de las enseñanzas de uno de estos individuos, puede resultar verdaderamente interesante ya sea para las altas cúpulas del Estado, que deben tratar con las diversas castas de la sociedad india, o incluso para los misioneros que muestran especial interés por comprender e influenciar a los habitantes de este país. Incluso en último lugar, también puede revelarse interesante para los estudiantes de filosofía y religión que deben conocer cómo la filosofía más antigua del mundo, el Vedanta, es enseñada hoy en día por los Bhaktas. Estos últimos se autodefinen como »los amigos y los amantes consagrados a Dios« y siguen ejerciendo su potente influencia, no solo sobre algunos filósofos sino también sobre las grandes masas de un país al que siempre se ha llamado el país de los filósofos.

Un país penetrado por tales pensamientos, pronunciado en un primer momento por Râmakrishna, ya no puede ser considerado por más tiempo como un país de idólatras ignorantes que debe ser convertido por los mismos métodos que se pueden aplicar a las razas de África Central.

Ya que el Vedanta constituye el contexto de los pensamientos de Râmakrishna, he considerado útil añadir un pequeño croquis de algunas de las doctrinas más características de esta filosofía, pues sin esto, muy pocos lectores podrían apenas comprender los ideales de Râmakrishna y su disciplina.

Soy totalmente consciente de que algunos de estos enunciados pueden parecernos extraños al escucharlos o más bien ofensivos. Por ejemplo, puede que la concepción de la deidad como la Madre Divina nos haga sobresalt-arnos, sin embargo, podemos comprender lo que Râmakrishna quería decir exactamente con esto cuando leemos su proverbio Nº 89 :

¿Por qué el devoto de Dios encuentra tan placentero dirigirse a la deidad como la Madre? Porque el hijo está más libre con la madre y, por consiguiente, es la persona más querida por el niño.

A veces el lenguaje utilizado por los devotos hindúes de la deidad puede asemejársenos muy coloquial o incluso irreverente. Sin embargo, hasta el-los mismos parecen darse cuenta de ello y alegan como excusa :

Un verdadero devoto que ha bebido profundamente del Amor Divino se parece a un verdadero borracho, y como tal, no siempre podrá observar las reglas de buen comportamiento. (Nº 104)

Asimismo :

¿Cuál es la fuerza de un devoto? Puesto que es hijo de Dios, las lágrimas son su mayor fuerza. (Nº 92)

A menos que recordemos que el significado etimológico de »harén« se reduce a un lugar sagrado y resguardado, la siguiente doctrina rechinará seguramente en nuestros oídos :

El conocimiento de Dios puede parecerse a un hombre, mientras que el amor de Dios se parece a una mujer. El conocimiento solo entra hasta las habita-ciones exteriores de Dios, ni siquiera un devoto puede entrar en los misterios más internos de Dios. Sin embargo la mujer tiene acceso incluso al harén del Todopoderoso. (Nº 172)

Râmakrishna ha vislumbrado en profundidad dentro de los misterios del conocimiento y del amor Divino pensamientos como el siguiente :

El conocimiento y el amor Divino son al fin y al cabo lo mismo. No diferencia alguna entre el conocimiento puro y el amor puro. (Nº 173)

Los enunciados siguientes dejan ver igualmente la naturaleza exaltada de su fe:

En verdad, en verdad os digo que quien anhela a Dios acaba por encontrarlo. (Nº 159)

El que tiene fe lo tiene todo pero el que anhela la fe lo anhela todo. (Nº 201) *Hasta que uno no se vuelve tan ingenuo como un niño, no obtiene la iluminación Divina. Olvídate de todo el conocimiento mundano que has adquirido y vuélvete tan ignorante como un niño, entonces obtendrás el conocimiento de la Verdad.* (Nº 241)

¿Dónde radica la fuerza de un aspirante? Se encuentra en sus lágrimas. Al igual que la madre consiente todos los deseos de su hijo que llora desconsoladamente, así mismo Dios entrega a Su hijo todas las esperanzas por las que derrama sus lágrimas. (Nº 306)

Al igual que una lámpara no puede arder sin aceite, un hombre no puede vivir sin Dios. (Nº 288)

Dios está en todos los hombres pero no todos los hombres están en Dios, he aquí la razón de su sufrimiento. (Nº 215)

De tales enunciados cabe colegir que, aunque la presencia real de lo Divino en la naturaleza y en el alma humana no se haya sentido tan fuerte en ningún otro lugar aparte de la India y aunque el ferviente amor de Dios, o mejor dicho, el sentimiento de asimilación completa con la Divinidad haya encontrado su máxima y más elocuente expresión en los enunciados de Râmakrishna, estos conocen perfectamente las barreras que separan la naturaleza divina de la humana.

Si tenemos en cuenta que estos enunciados de Râmakrishna no solo reflejan sus propios pensamientos sino también la fe y la esperanza de millones de seres humanos, podemos sentirnos, pues, llenos de esperanza con respecto al futuro de este país. La consciencia de lo Divino está presente no solo en el hombre sino en cualquier rincón, incluso en aquellos que aparentemente adoran a ídolos.

Este sentimiento constante de la presencia de Dios es, de hecho, el punto común sobre el cual cabe esperar que se erija el gran templo del futuro en el que tanto hindúes como no hindúes podrán estrechar sus manos y sus corazones adorando al mismo Espíritu Supremo—que no está lejos de ninguno de nosotros, pues en Él vivimos, nos movemos y por Él somos.

F.M.M.
Ightham Petite tache, le 18 octobre 1898.

LA VIDA Y PROPÓSITOS DE RÂMAKRISHNA

La Vida y Propósitos de Râmakrishna

Los Mahatmas

No hace mucho tiempo sentí la necesidad de expresarme acerca de los movimientos religiosos de la India que, con frecuencia, son oscuros y desvirtuados. Para entenderlos, se necesita un conocimiento de las religiones y las corrientes filosóficas que han ocupado y que todavía ocupan un lugar importante en este «país de filósofos». Igualmente, permite hacer la diferencia entre, los guías espirituales abiertos a las críticas, por un lado, y por el otro, las ideas que los inspiran y que generalmente predican con bastante elocuencia delante de la multitud que cree ellos y que sigue sus enseñanzas.

En agosto de 1896, publiqué un artículo intitulado *Un verdadero Mahatma*, en la revista *Nineteenth Century*, el cual despertó muchas controversias en la India y en Inglaterra. El artículo perseguía dos propósitos: el primero, protestar contra aquellas historias fantasiosas, saturadas de exageraciones, publicadas y difundidas en revistas hindúes, estadounidenses o inglesas, que narran la vida de santos y sabios que viven y enseñan en la India. El segundo propósito era para demostrar que, detrás de los extraños nombres como «teosofía» o «budismo esotérico», se esconde algo real y verdadero, algo que el mundo entero merece conocer, incluso nosotros, los estudiantes de Platón, Aristóteles, Kant o Hegel.

A veces sucede que la admiración sea más intensa que el conocimiento o el discernimiento, como es el caso de algunos adoradores de sabios hindúes. Ellos piensan ser los primeros que descubrieron y revelaron a los *Mahatmas* hindúes, a quienes no solo atribuyen un profundo conocimiento de la antigua y primitiva sabiduría, sino que también le otorgan poderes sobrehumanos capaces de realizar absurdos milagros. Sin ningún conocimiento de la filología sánscrita, estaban convencidos de haber encontrado una nueva raza humana en la India, hombres que se impusieron prácticas ascéticas aterradoras, que se retiraron del mundo y se volvieron extremamente fa-

mosos entre la población por sus predicaciones y enseñanzas, sus vidas
frugales, sus emotivos discursos y sus capacidades para conceder milagros.

La palabra *Mahatma* es solo uno de los nombres utilizados para designar
a estos hombres. Significa «dotado de una gran alma», «de una gran elevación moral» o incluso «noble». La mayoría del tiempo, representa un
nombre honorable, similar a nuestros epítetos «reverendo» o «respetable»,
pero también es un término técnico, empleado para designar una clase de
hombres que conocemos bajo el nombre sánscrito de *sanniasin*, que significa «aquel que renuncia a todo», es decir, aquel que abandona todo tipo
de deseos y apegos terrenales. Podemos leer en el *Bhagavad-Gita*, versí-
culo 3 : «que se considere *sanniasin*, aquel que no tenga ni amor ni odio».

Las cuatro etapas de la vida

Según las leyes de Manu, la vida de un brahmán estaba dividida en cuatro períodos o *áshramas* : estudiante célibe (*brahmacharia*), jefe de familia
(*garhasthia*), asceta (*vanaprastha*) y ermitaño (sannyasa)*. Las dos primeras
etapas son bien claras. Durante su vida de estudiante, el hombre respeta
las leyes estrictas del obedecimiento, de castidad y de estudio. Luego se
consagra a todos los deberes que un hombre casado debe realizar, incluso el
cumplimiento de sacrificios públicos y privados. La tercera y cuarta etapa,
asceta y ermitaño, son menos precisas, ya que aún no cocemos esa realidad,
por lo tanto, no tenemos palabras para describirlas. La principal diferencia
entre esas dos etapas es la siguiente : en el transcurso de la vida de asceta, el
brahmán conserva su morada en el bosque colindante a su pueblo, donde
a veces vive con su mujer y sus hijos, donde mantienen los fuegos sagrados y practican los ejercicios bien precisos que están descritos en los libros
sagrados. Por otro lado, durante la vida de ermitaño, el hombre no tiene
más enlaces terrenales y vive solo, sin morada alguna†. Algunos traductores
utilizan la palabra ermitaño para designar la tercera etapa, y asceta para la
cuarta; estas dos etapas también tienen otros nombres en sánscrito. Sin
embargo, la diferencia entre ambas es muy clara : la tercera etapa es una

---

* Manu 1, 87.
† Apastamba II, 9, 21, 22 y siguientes.

simple retirada del mundo, la cuarta es una renunciación completa de los apegos terrenales, el brahmán deja de efectuar todas sus tareas, abandona su morada y se libera de las cadenas de la pasión y del deseo. Por lo tanto, los *mahatmas* modernos, se encuentran a medio camino entre la tercera y la cuarta etapa de la vida. Son religiosos, mendigos nómadas que piden limosnas y viven de caridades.

Un *sanniasin* también puede denominarse bajo los términos de *avadhuta*, que significa literalmente «aquel que se desentiende de todos los lazos», y *sadhu* «el buen hombre». Este último es muy común entre la gente del pueblo.

Algunos afirman que no existen más *sanniasins* en la India y, en cierto sentido, así es. La división de la vida en cuatro etapas prescritas en las leyes de Manu, es tan solo un ideal, un proyecto de vida al que los brahmanes aspiraban. Jamás habría podido generalizarse en la India, al ser la naturaleza humana lo que realmente es. Hoy, incluso si los hombres en la India se consideran *sanniasins* y se hacen llamar *sadhus* por el pueblo, éstos no siguen las reglas que Manu estableció. Los estudiantes no están sometidos a las disciplinas de hierro; los jefes de familia no cumplen con todos sus deberes privados y públicos de hombres casados. Tampoco están sujetos a pasar ciertos años en la soledad del bosque. No obstante, parecen preparados a abandonar toda coacción de la noche a la mañana, y liberarse de todo, hasta de sus ropas si fuese necesario, para dedicarse a predicar y a enseñar a todo aquel que esté listo para escucharlos.

Gracias a los *vratyas*, sabemos que, poco tiempo después de su promulgación, se han violado en muchas ocasiones las leyes de Manu. Desde la época brahmánica, hemos oído hablar de los *vratyas*, los parias que no habían logrado el *Brahmachari** (primera etapa de la vida de un brahmán) pero que, bajo reserva de practicar ciertos sacrificios, podían de nuevo disfrutar de todos los privilegios de las tres castas superiores. Algunas fuentes indican que los primeros v *ratyas* no eran arios, pero esto nunca ha sido comprobado. En el período brahmánico, se llamaban *vratyas* a los arios que habían pertenecido a una cierta casta, pero por haber descuidado sus

---

* Journal of the Bombay Branch of the Royal Asiatic Society, n° 19, p. 358 (utilizan monedas de plata).

deberes durante la primera etapa de sus vidas, habían renunciado a sus privilegios. Este grupo estaba dividido en tres categorías, las cuales permitían diferenciar a los hombres que habían pecado, de los padres y de los abuelos de aquellos que cometieron la falta. Si practicaban ciertos sacrificios, todos los v *atryas* podían recuperar sus antiguos privilegios. Hoy en día, *vratya* significa villano o rebelde.

Dado que la emancipación, la libertad espiritual obtenida durante la tercera, y sobre todo la cuarta etapa, era el objetivo último de la vida terrenal, los budistas consideraban que era un error esperar hasta el final de la vida para disfrutarla. De cierta manera, los budistas eran *vratyas* que se negaban a pasar una larga y tortuosa fase de formación, y que consideraban que el casamiento y los deberes del jefe de familia, así como otra cantidad de sacrificios, resultaban inútiles y perjudiciales. El Buda mismo había dicho que se oponía a aquellas penitencias a que los ascetas brahmanes debían someterse, ya que eran obstáculos para aquellos que buscaban la perfecta libertad, la liberación de todas las pasiones, de todos los deseos y de todas las ideas recibidas de la sociedad brahmánica. Finalmente, los primeros budistas, al adoptar el nombre de *bhikkhu* (mendigo) por los miembros de su *sangha* (comunidad), habían decidido, según parece, mostrarse como *sanniasins* que llevaban los antiguos principios brahmánicos a su conclusión natural, y al mismo tiempo renunciaban al *Vedas*, la recopilación de las leyes de la tradición, y a todos los sacrificios brahmánicos que consideraban fútiles y contradictorios al espíritu.

Sanniasins o santos

Ideas similares rondaban entre los brahmanes. Antes del auge del budismo, entre ellos se encontraban hombres que se habían liberado de sus trabas sociales, habían abandonado su hogar y sus familias, vivían solos en una gruta o en un bosque, no poseían nada material, comían y bebían lo estrictamente necesario, y se infligían torturas que aterrorizan cuando leemos sus historias, o las vemos representadas en imágenes o fotografías. Estos hombres estaban rodeados de un aura de santidad natural y recibían lo poco que necesitaban de la gente que los visitaba y escuchaban sus enseñanzas. Algunos de estos santos eran eruditos y profesaban las antiguas tradiciones. Otros, sin embargo, y sin sorpresa alguna, eran impostores e hipócritas que deshonraban la profesión entera. No olvidemos que, al principio, no se otorgaba el estatus de *sanniasin*, sin antes haber soportado una disciplina de hierro durante años que, en un principio, garantiza el dominio del espíritu y una capacidad de resistencia al placer que los propios santos tienen que afrontar. Si esta garantía desaparece y cualquiera pudiese autoproclamarse *sanniasin*, los mismos santos tendrían dificultad de resistirse a la tentación. Pero no cabe la menor duda de que existieron, y aún hoy en día existen hombres que se libraron de las cadenas de la pasión y que lograron un perfecto dominio de sus cuerpos y de sus fantasías mentales. A estos hombres se les llaman yoguis, por sus prácticas avanzadas del yoga.

Prácticas ascéticas o yoga

Desde muchos puntos de vista, el yoga parece ser una excelente disciplina y, en cierto sentido, todos deberíamos ser yoguis. La palabra «yoga» significa dedicación, concentración y esfuerzo. Desde hace mucho tiempo, se abandonó la idea originaria que significaba «unión con la divinidad». Pero el yoga rápidamente se convirtió en un sistema artificial. Aunque al principio haya servido solo para apoyar la filosofía, se ha convertido en una idea plenamente filosófica, la filosofía del yoga. Esta sistema de pensamiento se atribuye a Patanshali, y se trata de una variación del *Sánkya* de Kapilá.

En la revista *The Brahmavâdin*, Swâmi Râmakrishnânanda menciona que el yoga existe bajo cuatro formas : el *mantra*, el *laya*, el *raja* y el *hatha*. El *mantra yoga* consiste en repetir una palabra numerosas veces y en concentrar los pensamientos en ésta. Generalmente se trata de una palabra relacionada con una deidad. El *laya yoga* consiste en concentrar todos los pensamientos en algo o en la idea de algo, con el fin de comulgar con ese elemento ; lo mejor es escoger una imagen ideal de un dios o de un nombre relacionado con una deidad, y de este modo hacer solo uno con ese dios. El *raja yoga* consiste en controlar su respiración con la finalidad de controlar su espíritu. El origen de esta práctica se basa en una observación : cuando de repente concentramos nuestra atención en algo nuevo, retenemos nuestra respiración. Por otro lado, retener la respiración conduce a la concentración del espíritu al *pranaiama*. El *hatha yoga* concierne la salud del cuerpo en general. Se trata de concentrarse en ciertas zonas del cuerpo, por ejemplo, fijar los ojos en un punto fijo, como la punta de la nariz. Todo esto se encuentra descrito de forma exhaustiva en los *yoga sutra*, una obra que parece perfectamente honrada.

Claro está que, resulta difícil creer en todas las cosas atribuidas a los antiguos yoguis, y las proezas de los yoguis modernos que a menudo son bastante sorprendentes. Para mí, resulta tan difícil de creer, como de no creer. Testigos oculares afirman que los yoguis pueden pasar semanas, incluso meses sin comer, que pueden provocar la hipnosis y leer los pensamientos de las personas. Puedo creer en todo esto, pero cuando esos mismos testigos dicen que los yoguis ven siluetas de dioses y diosas en el cielo, que el Dios ideal se aparece delante de ellos, que escuchan las voces celestiales, que huelen el perfume divino, y que hasta pueden permanecer sentados en el aire, tengo que reconocer que prefiero aferrarme a Santo Tomás, así me hayan presentado pruebas de levitación sorprendentes*.

Los psiquiatras y las autoridades del mundo médico, consideran que se puede alcanzar el estado de trance o *samadi*, a través de los métodos empleados por los yoguis en la India. Aunque existan impostores entre los yoguis, no se puede decretar que esos santos hindúes son todos charlatanes. Si decimos de un hombre que es un santo, para él debe ser mucha la tentación de simular serlo. Sin duda, puede pasar que se persuada a sí mismo en serlo. Si ese hombre creció dentro de un entorno filosófico, o se impregnó de sólidos sentimientos religiosos, fácilmente podría parecerse a un *Mahatma*, es decir, un hombre de mucha elocuencia, que se expresa de forma poética, con un estilo ampuloso, capaz de sostener discusiones bien precisas dirigidas hacia los grandes problemas filosóficos, y de responder a todo tipo de cuestión que se le formule.

Râmakrishna

Râmakrishna era un *Mahatma* que, recientemente, se hizo célebre en la

* Véase H. Walter, Hathayogapradîpikâ, 1893

India y los Estados Unidos, donde sus discípulos se dedican a predicar su doctrina y al proselitismo, incluso en la multitud cristiana. Para nosotros, los occidentales, resulta extraño y hasta increíble, pero basta con recordar lo que significa la religión para innumerables hombres que se dicen cristianos, sin siquiera conocer las enseñanzas de Cristo ni su significado en la historia de la humanidad. Muchos fieles ignoran todo acerca de la historia y doctrinas del cristianismo, y aquellos que conocen algo más de su fe, lo han aprendido de memoria gracias a las clases de catequismo. Ellos repiten lo que han escuchado sin ninguna nonada de fe o de amor. No obstante, cada uno aspira a la religión desde su corazón, cada uno siente una necesidad de fe que, tarde o temprano, deberá satisfacer. Y es por esta razón que, los discípulos que predican el Rāmakrishna, llegan a tocar tantas almas. El hombre no se siente bajo la imposición de doctrinas por parte de esta religión que, *a priori,* considera pagana e indigna. Pues si escuchan el discurso de estos discípulos, lo hacen de manera completamente voluntaria, y si creen en él, lo hacen por propia elección. Dado que la religión que uno escoge tiene más fuerza que una religión heredada, el hombre convertido la defiende con mucho celo. Estos nuevos fieles, que nunca habían conocido lo que es la verdadera religión, se muestran entusiastas a la hora de proclamar las verdades que han descubierto y que sus almas aceptaron libremente. Es así que, a pesar de que la cantidad de hombres convertidos a la religión de los discípulos del Rāmakrishna, pudo haber sido algo exagerada, e incluso si los nuevos adeptos al *vedanta* (el objetivo último del *Veda*)*, son solo hombres que dieron un primer paso hacia el verdadero cristianismo, resulta evidente que, una religión que conoce un tal auge en nuestra época y que, con toda razón, se considera la religión y filosofía más antigua del mundo, merece toda nuestra atención.

El propio Rāmakrishna, nunca afirmó ser el fundador de una nueva religión. Solo se contentó de predicar la antigua religión en la India, basada

---

* Explicación de la palabra vedanta, dada probablemente a posteriori. Al principio, esta palabra significaba sin dudas « el objeto del Veda ». Otras palabras formadas con el sufijo « -anta », como siddhanta o sutranta, corroboran esta explicación. Luego, como ese sufijo se encuentra al final de brahmán, o de araniaka, se interpretó entonces como « el final de los Vedas », es decir, « el objetivo último del Veda ».

en el *Veda*, más precisamente en los *Upanishads*, posteriormente consignada a los *sutras* de *Badaraiana*, y finalmente profundizada en los comentarios de *Shankara*, entre otros. Y mientras predicaba esta religión y llevaba un estilo de vida de ermitaño, Râmakrishna nunca pretendió haber sido el único en hacerlo. Durante estos últimos cincuenta años, otros predicadores del *vedanta* han vivido en la India, a veces, designados por el título honorífico de Paramahamsa. Keshub Chandra Sen, célebre personaje en Inglaterra y en Estados Unidos, fue un gran reformador volcado al cristianismo, pero nunca recibió el título de Paramahamsa, ya que nunca se impuso una disciplina estricta ni llevó un estilo de vida de *sanniasin*. No obstante, cuatro contemporáneos han recibido este título: Dayananda Sarasvati, quien, desdichadamente, estuvo relacionado con Madame Balvatsky en una época; Pavhari Baba de Ghazipur; el *sikh* Nagaji de Doomraon y Râmakrishna, conocido también como el Paramahamsa de Dakshineswar. Keshub Chandra Sen escribió lo siguiente: «estos son los cuatro santos ascetas que, a veces con razón, nuestros amigos honran, y que buscan como modelos, como ejemplos, de una sagrada influencia. Respectemos los santos ascetas que nos envía la providencia y honrémosles con deferencia y humildad. Lo impuro se vuelve puro al lado de los *sadhus*».

Dayananda Sarasvati

Sabemos muy poco de la vida de Dayananda Sarasvati, el primero de estos santos que emprendió una gran reforma del brahmanismo y, al parecer, fue un hombre con ideas liberales en cuanto al progreso social. A pesar de que aun creía fervientemente en los cantos védicos, deseaba depositar su fe en la revelación divina de los brahmanes. Publicó largos comentarios sobre el Veda, que demuestran que dominaba el sánscrito y que leía mucho, pero también indican que priorizaba el sentido crítico ante todo. Estaba en contra del casamiento de las viudas y apoyaba el movimiento que militaba por aumentar la edad mínima requerida para el matrimonio entre niños y niñas. En muchos aspectos, no parecía muy preocupado por los prejuicios sobre las castas y la comida. Condenaba la idolatría e incluso el politeísmo. Su nombre circulaba en Europa cuando cayó en las redes de

Madame Balvatsky, pero esto duro poco tiempo y, cuando comprendió las verdaderas intenciones de esta mujer, se liberó de su influencia. Pues no era aquella filósofa que él creía. Él no hablaba inglés, y ella no conocía ni el bengalí ni el sánscrito. Por lo tanto, no se comprendían bien, al menos al principio, ya que algunos afirman que terminaron entendiéndose muy bien. En todo caso, fue un poderoso polemista. Su influencia creció progresivamente hasta que, parece ser que sus opositores, los ortodoxos y los brahmanes conservadores, lo envenenaron. Murió brutalmente, pero sus fieles, los Aria-Samash, formaron una secta que aún existe, que no deja de aumentar, y que busca una vida lejos de toda influencia europea.

Pavhari Baba

El segundo santo era Pavhari Baba de Ghazipur. Tampoco sabemos mucho de él, pero a su reciente muerte, una gran ola de dolor inundó la península hindú. Vivió unos treinta años en Ghazipur, y toda la población de la ciudad que lo consideraba como un santo, lo veneraba. Pero en los últimos nueve años de su vida, se había retirado prácticamente del mundo*. Vivía solo en una propiedad rodeada de grandes muros y de una imponente puerta. En el interior había un pequeño jardín de flores, un pozo, un pequeño templo, y su habitación que tenía solo una pieza. Se negaba a que la puerta permaneciera abierta, y después de su instalación, a excepción de su hermano menor, nadie más lo vio. Una vez cada siete o diez días, se acercaba a la puerta y hablaba unos instantes con cualquiera que se encontraba detrás de ella. Su joven hermano nunca se alejaba mucho de la propiedad. Pavhari Baba le había dicho que no podía soportar más la miseria que el *Kali Yuga*, es decir, la cuarta y actual era de la cosmogonía hindú, había llevado a la India, pero su hermano no podía comprender la profundidad de sus palabras. Un día, luego de haber tomado su baño como de costumbre, y luego de haber practicado sus ejercicios de piedad, Pavhari Baba se habría cubierto el cuerpo de mantequilla clarificada, se habría esparcido de inciensos y habría prendido fuego en las cuatro esquinas de su solitaria casa, para luego lanzarse en las flamas. Y así logró su último

* Interpreter, junio de 1898; Indian Social Reformer, 19 de junio de 1898.

sacrificio. Antes de poder salvarlo, ya estaba reducido en cenizas, y lo que quedó de su cuerpo se vertió en las aguas sagradas de Ganges, durante una ceremonia adecuada.

Todo esto sucedió hace unos meses. Nunca ha sido fácil obtener la historia exacta de un acontecimiento que se haya producido en la India. El incendio en la casa donde el viejo santo había terminado sus días es incontestable y, sin duda alguna, se encontró el cuerpo calcinado de Pavhari Baba. Pero algunos de sus amigos que se niegan a aceptar esta inmolación por el fuego, afirman que el incendio fue solo un accidente. Otros consideran que su sacrificio voluntario, era el final digno de su vida santa.

Pavhari es una contracción de *Pavanahari*, que significa «aquel que vive en el aire». La enseñanza de este santo era sin dudas muy cercana a las enseñanzas de Râmakrishna, pero no pude encontrar una información precisa sobre el tema. En todo caso, su condición de sabio y de santo ha sido ampliamente aceptada y Keshub Chandra Sen, cuya autoridad es innegable, lo posiciona al lado de hombres como Dayananda Sarasvati et Râmakrishna. Claro está que, los hindúes consideran estos santos ascetas como simples reformadores, tales como Rammohun Roy y Keshub Chandra Sen. Pues ellos desean que sus profesores y reformadores renuncien a todo tipo de placer, a todas sus riquezas y a todos los honores del mundo. Solo así podrán creer en su sinceridad y en la verdad de sus propósitos. Asimismo, infligirse torturas y penitencias es una condición necesaria para ser santificado. A todas cuentas, para los hindúes, conceder milagros sigue siendo una forma eficaz para que un sabio dé prueba de su condición.

Algunos de estos sabios han sido designados por el título honorífico Paramahamsa. Palabra difícil de traducir. Algunos eruditos que les gusta divertirse con trivialidades y que se ríen a cada costumbre o tradición hindú, lo traducen literalmente como «gran ganso». Es cierto que, la palabra «*hamsa*» significa ganso, pero también significa cisne. Una traducción más fidedigna de la palabra *Paramahamsa* sería de hecho «águila que se eleva en el cielo». Pero, si estos Paramahamsas forman una especie de élite, también existieron muchos hombres en la India que, por las vidas ascéticas y santas que llevaban, también merecen un lugar al lado de ellos en nuestra estima. Así pues, Gaurishankar Udayshankar, primer ministro de Bhavnagar, hizo todo lo posible para aplicar las reglas de vida estricta de los antiguos *sanniasins*, aunque olvidados desde hace mucho tiempo. De modo que, aunque Keshub Chandra Sen se haya casado y viajado por el mundo, llevó una vida de abnegación total, similar a la de un Paramahamsa.

Debendranath Tagore

Y lo mismo pasó con Debendranath Tagore, amigo y mecenas de Keshub Chandra Sen. Este hombre era el jefe de una rica et influente familia, pero pasó la gran parte de su vida retirado del mundo. Se dedicó al estudio, la meditación y a la contemplación. Hoy en día tiene ochenta y dos años, una edad muy respetada en la India, y nos complació saber que escribió una biografía que será publicada a título póstumo. Desempeño un papel en la historia de *Brahmo Samaj** mucho más importante de lo que se piensa. Seguidamente, el lector podrá encontrar un relato de cuando los miembros del *Brahmo Samaj* fueron a visitarlo, y que ofrece una idea de la vida de este hombre. Se trata de una declaración que recopilé por medio de unos amigos que fueron a visitarlo recientemente, y no de escritos que detengo en posesión, que aunque sean muy instructivos, no se prestan para su publicación.

«Nos condujeron a la espaciosa veranda del segundo piso, donde el venerable hombre se encontraba sentado en una silla. Nos inclinamos con respeto y luego nos sentamos. El *Maharshi* tomó la palabra y dijo: «desde que ustedes llegaron aquí, hace tres meses, he estado comunicándome menos con el mundo exterior. Veo menos cosas, y escucho menos palabras. Pero nada he perdido. A medida que mi relación con el mundo exterior se enrarece cada vez más, mi yoga interior crece. No tengo que esforzarme más para comulgar. Me siento y soy feliz en mi presencia». La emoción en su rostro mientras decía esas palabras, se podía percibir.

Cuando le preguntamos si se acordaba de la selección de versículos de los textos védicos de la liturgia de *Brahmo Samaj* que había publicado muchos años antes, respondió esto: «después de tantos años, no puedo

---

* Movimiento religioso fundado a principios del siglo XIX, que se inspiró en el hinduismo, el islam y el cristianismo. (N. del T.)

acordarme del proceso que permitió recopilar esos textos a partir de distintos *Upanishads*. Hoy, la esencia de esos textos está en mí, y puedo degustar su dulzura. Ya no tengo necesidad de recurrir a ellos. Estoy totalmente de acuerdo con ustedes, alcanzamos la persona infinita a partir de la verdad y de la inteligencia, y en ella encontramos los infinitos esplendores, podemos contemplar su infinita misericordia y sus otras virtudes. Habría hablado más con ustedes sobre este asunto, si hubiesen venido a visitarme unos días antes. Ahora, mi espíritu está ocupado por cosas que los ojos no ven y que los oídos no oyen, así que no puedo discutir mucho con ustedes… Escribí una narración de mi vida porque el espíritu de Dios me ha alcanzado, pero aún no sé cuál es su utilidad. Ya no soy muy útil para este mundo. Ya no me queda mucho que me ate a este mundo».

Entonces le dijimos que su vida no había sido en vano, ya que había ofrecido al mundo un ejemplo de vida basada en Dios y con Dios. A esto, el *Maharshi* respondió: «llevo una vida de ermitaño, ya no me quedan más energías. La energía y la sinceridad que ahora me animan, están allí a razón de vuestra presencia. Hace mucho, mucho tiempo, cuando estudiaba los *Upanishads*, una poderosa luz iluminó mi alma, y supe que, algún día la India rendiría homenaje a Brahma, el exclusivo y único Dios. Después, tuve el deseo de encontrar a un compañero, un hombre cercano a mi corazón, que resintiera mis sentimientos y tomaría mí mismo camino. Busqué a este hombre por todos lados, entre todos los seres iluminados en aquella época, pero nunca lo encontré. Desesperado, abandoné Calcuta y me retiré en las colinas. Dos años más tarde, el agua del rio Sutlej me ofreció una lección sagrada. Escuché una voz que me animaba a regresar a Calcuta, y que retomara mis tareas sagradas. Esa voz divina me obsesionó, a tal punto, que ya no podía encontrar reposo. Todo parecía reflejar la orden divina para forzarme a cumplir la voluntad del Señor. Regresé entonces a Calcuta con toda prisa, y finalmente conocí a Brahmananda (Keshub Chandra Sen). Enseguida entendí que era el hombre que había estado esperando. Entonces comprendí por qué el Espíritu me había guiado hacia Calcuta. Mi felicidad era infinita. Pasábamos noches enteras a conversar sobre las grandes cuestiones espirituales, a veces hasta las dos de la mañana. Brahmananda me dijo incluso que, cuando él se habrá ido, aquellos que dejaría detrás, continuarán difundiendo y apoyando mi causa. Hoy me doy cuenta de que esta predicción así se va realizar». «Sí—respondimos—, es completamente verdad. Cuando nuestro ministro se encontraba con nosotros en su cuerpo físico, no nos habíamos dado cuenta de nuestra proximidad con vosotros. Hoy, tenemos la impresión de que Brahmo Samaj acepta Ram Mohan Roy, pero que él os rechaza. Pero, como usted representa el yoga, o la visión directa de Dios, es necesario que Brahmo Samaj os acepte para alcanzar esta elevación espiritual. Si hoy en día, Brahmo Samaj se encuentra en este estado tan deplorable, es porque no os acepta». Y el *Maharshi* dijo: «Dios os llamó para difundir la palabra de Brahma Dharma en la India, ese pobre país, y más precisamente en Bengala, nuestra frágil tierra, pobre y sin recursos. Así como una madre ama a su más frágil hijo, y con la mayor ternura, Dios ofrece su más profundo amor a los más pobres de esta tierra. Estamos agradecidos con Dios por esta gracia particular. Dios os ha otorgado un favor especial y os ha permitido ejercer vuestro trabajo. He publicado mi última obra que habla sobre *para-loka*, el más allá, y de *mukti*, la liberación. Éste, es un pequeño volumen y es para vosotros». Seguidamente, salimos de allí, consolados y revigorizados por su ayuda».*

Me parece que esta percepción de lo que pasa detrás de esos muros, es digna de conservarla para la historia, y despertará el interés de los verdaderos amigos de la India. Son cosas que, aquellos que hablan tanto de palacios, de rajás y marajás, de *juggernauts*, aquella carroza de procesión hindú, de las torres del silencio o de las grutas de Ellora, no conocen ni sospechan.

Solo se necesita abrir los periódicos hindúes para encontrar información de hombres que han llevado una vida santa y dedicada a Dios, como Debendranath Tagore, pero que, a los ojos del pueblo hindú, jamás han alcanzado el rango de Paramahamsa. Es posible que, entre algunos de ellos, que son venerados como santos en sus tierras natales, los críticos europeos los consideren idiotas o fanáticos. Pero en sus países, ocupan un lugar bien especial y representan una fuerza que, los dirigentes de Bengala, esta «frágil tierra, pobre y sin recursos», no deberían descuidar.

---

* Unity and the Minister, 12 de julio de 1896.

Rai Shaligram Saheb Bahadur

Solo me queda hablarles de un hombre y podrán tener una visión general del imperfecto escenario que hice, en el cual Râmakrishna interpreta su función ante nosotros, al lado de sus compañeros y actores que lo respaldaron y guiaron en sus apasionados y desinteresados esfuerzos. Podemos leer sobre este hombre en la publicación de la revista *Prabuddha Bhârata,* de mayo de 1898, a partir de la página 132. Rai Shaligram Saheb Bahadur, hoy con unos setenta años de edad, llevó una vida útil y activa en una oficina de correos, en donde llegó a ocupar el puesto de director general de correos de las provincias noroccidentales.

Parece ser que quedó muy trastornado con los horrores que vio durante el motín que hubo en 1857, cuando masacraron a miles de hombres, mujeres y niños frente a sus ojos, donde el rico quedó reducido en la pobreza y el pobre engrandecido en una inesperada e inmerecida riqueza. Por lo tanto, fue a partir de ese momento que su opinión, según la cual el mundo es efímero y transitorio, se arraigó en su espíritu y lo alejó de todo aquello que le había interesado y a lo que hasta ese entonces consagraba toda su energía. No obstante, desde su más tierna juventud, Rai Shaligram Saheb Bahadur se había interesado en las cuestiones religiosas y filosóficas. Dicen incluso, que dedicó gran parte de su juventud y de su adultez a los estudios de las santas escrituras. Por lo tanto, no resulta sorprendente que, después de haber asistido a los horrores ocurridos durante el motín y la consecuente represión de la rebelión, haya deseado huir de esa tierra de miseria para buscar la felicidad pura e infinita allí donde esté.

Fue a consultarse con algunos *sanniasins* y yoguis, pero nadie pudo ayudarlo. Uno de sus colegas de la oficina de correos, terminó por recomendarle a su hermano mayor, un guía espiritual digno de confianza. Durante dos años, Rai Shaligram Saheb Bahadur asistió a sus cursos y comparó sus enseñanzas con los *upanishads* y otras escrituras sagradas. Finalmente, terminó convirtiéndose en *chela,* un discípulo devoto del gurú. Durante su estadía en Agra, nadie, aparte de él mismo, podía servir al maestro. Molaba la harina para él, le preparaba sus comidas y lo alimentaba de sus propias manos. Cada mañana, para que su maestro pudiese lavarse, iba a buscar agua pura y caminaba más de tres kilómetros con un cántaro lleno sobre su cabeza. No gastaba su sueldo; prefería donarlo al santo que lo utilizaba para ayudar a los alumnos, mujer e hijos, y el resto, lo ofrecía en caridades. Su maestro supervisaba todos sus asuntos domésticos, a pesar de la oposición de los hombres de su casta, los *kayasthas*, que no aceptaban que un hombre de su mismo estatus cocine para un santo y se alimente de su misma comida, porque aquel santo pertenecía a la casta de los *khatris*. Después de cierto tiempo, el alumno decidió dejar su trabajo en la casa de correos, pero el santo no lo permitió. Cuando lo nombraron director general de correos de las provincias noroccidentales, cayó de rodillas frente a su maestro y le suplicó que le permitiera retirarse y así poder entregar su cuerpo y alma a la vida espiritual, pero el santo se negó de nuevo y alegó que el cumplimiento de sus deberes oficiales no interferiría en nada en su evolución espiritual. Entonces, Rai Shaligram Saheb Bahadur se fue de Agra y, durante muchos años, ocupó su nuevo puesto en Allahabad, y parece ser que con mucho éxito, ya que introdujo numerosas reformas y cambios útiles en el seno del departamento de correos.

No fue sino hasta la muerte de su maestro, en 1897, que Rai Shaligram Saheb Bahadur se sintió finalmente libre de abandonar su cargo. Se convirtió en guía espiritual, y desde entonces ofrece sus enseñanzas a aquellos que vienen a la búsqueda de sus consejos. A menudo, aquellos que lo escuchan quedan tan inspirados por sus enseñanzas, que terminan por renunciar al mundo para llevar una vida de *sanniasin*. Por lo tanto, hoy en día se cree que todo aquel que haya ido a consultar al maestro, habría abandonado a su familia y convertido en asceta. Mejor dicho, dicen que cualquiera que mire la lámpara prendida que se encuentra en la planta superior de su casa, termina por desviarse de su existencia terrenal, abandonar a sus parientes y perder toda utilidad para la comunidad. Lo último que se supo es que el viejo hombre aún seguía vivo. Parece que su casa está diariamente asediada por una cantidad de hombres y mujeres provenientes de todo el país, que vienen para escuchar sus enseñanzas religiosas. Día y noche, imparte sus enseñanzas cinco veces diarias, de manera que apenas le quedan un poco más de dos horas para dormir. Recibe a todo el mundo, sin distinción de brahmanes o sudras, de ricos o pobres, de buenos o malos. La gente está convencida de que puede lograr milagros, pero él lo considera algo inapropiado e indigno. Se dice que el doctor Makund Lai, asistente cirujano del virrey, tenía la costumbre de enviar al maestro sus pacientes aturdidos por una práctica excesiva del *pranayama* (ejercicio que consiste en retener la respiración), y que con una simple mirada, los hacía entrar en razón nuevamente. Luego les explicaba que el *pranayama* no era muy benéfico para ellos y que incluso podía perjudicar la salud.

Râmakrishna

Estos son algunos casos que demuestran que Râmakrishna no era el único ejemplo de hombre santo en la India. A pesar de que el antiguo sistema social que describió Manu sobre las cuatro etapas de la vida, haya cambiado, en la India aún existen *sanniasins* que viven de acuerdo a la antigua tradición, aunque por supuesto, en distintos entornos y bajo condiciones diferentes. Se han acreditado también estos casos, como probablemente lo sea todo lo que nos llega desde la India. Si estudiamos la vieja literatura del país, podemos ver un gran número de *sanniasins*, pero son representados como hombres con poderes fabulosos, por lo tanto, no me atrevería a decir entonces que estén, lo que nosotros creemos, bien acreditados. Sin embargo, no cabe duda de que algunos *sanniasins*, a fuerza de infligirse las prácticas ascetas, terminaron por convertirse en verdaderos esqueletos*, o en unos locos delirantes. Basta con constatar en el principio de la antigua literatura del país, todas las advertencias que aparecieron contra este tipo de prácticas. Un ejemplo bastante conocido es el mismo Buda que, antes de fundar su propia religión, se impuso todo tipo de tortura de los brahmanes ascetas, pero al no constatar en ellas ningún beneficio, denunció este sistema que terminó por juzgarlo inútil y dañino, y en su lugar prefirió una disciplina más moderada.

Si nos focalizamos de nuevo en el cuarto *paramahamsa,* según Keshub Chandra Sen el más importante entre sus contemporáneos, su vida y sus doctrinas resultaron ser menos sorprendentes, por lo tanto ha sido acep-

---

* Véanse los remarcables ejemplos que Flora Annie Steel ofrece en In the Permanent Way, 1898.

tado como el único de su clase en la India. Existen textos detallados sobre su vida, pero en general contienen exageraciones incongruentes y contradictorias que impiden tener una idea precisa de su vida terrenal y de su personalidad. Por lo tanto, pedí a uno de sus más destacados alumnos, Vivekananda, que escribiera para mí todo aquello que podía decir de su venerable profesor, y me ha enviado una detallada descripción de la vida de su maestro. Sin embargo, podrán observar que este testimonio no está libre de elementos tradicionales, y si lo transmito con las menores modificaciones posibles, es porque existe una razón.

El proceso dialógico

Como tal, esta narración ofrece una visión sobre la manera en que nace y crece una nueva religión, o más bien una nueva secta. Distinguiremos de forma clara, la inevitable transformación de los verdaderos hechos, causada por la simple repetición, la conversación o lo que llamamos la tradición oral. Aquí podemos observar un proceso dialógico en obra, tanto en la escritura de la historia antigua como en la moderna. Esto significa que, todo intercambio de ideas, toda comunicación, cada diálogo y cada flujo de pensamiento entre unos y otros, conlleva inevitablemente a una alteración de la historia. En Alemania, se hablaría de *Durchsprechen*, que consiste en tratar un tema con el más mínimo detalle; en Grecia se hablaría de un intercambio de palabras o de diálogo. Incluso la triada dialéctica de Hegel, que dice que el movimiento natural del pensamiento pasa irremediablemente de la tesis a la antítesis, para luego llegar a la síntesis, encuentra sus raíces en aquello que yo llamo el proceso dialógico, tan importante en la historia antigua y moderna.

Ningún hecho histórico puede escaparse de este proceso de modificación antes de plasmarlo sobre el papel. Este fenómeno no debe confundirse con el proceso mitológico, que bien forma parte de él, pero que responde a reglas bien específicas. El proceso dialógico puede observarse también en la historia moderna, pero la contaminación dialógica es casi imposible y resulta anodina, ya que hoy en día existen reportajes, periódicos, autobiografías y recuerdos de grandes estadistas. Podemos tan solo imaginar cómo debía ser en aquella época en que no existían ni la estenografía ni la imprenta, cuando la lectura y la escritura eran el privilegio de una pequeña clase, y que se debía esperar unas dos o tres generaciones antes de que un reportero o historiador pensara en escribir y registrar ciertos hechos y dichos de la vida de un hombre. También resulta increíble que un gran número de historiadores haya descuidado completamente este proceso dialógico, a través del cual todo debe pasar antes de registrarse, y olvidaron que nunca puede estar ausente de la historia. Se habrían podido resolver tantas dificultades, evitado tantas contradicciones, cuántos milagros habrían podido explicarse de forma racional e inteligible, si el historiador hubiese retenido esta simple lección: el proceso dialógico ejerce su influencia en todos los sucesos históricos.

Hablemos del telegrama de Ems, un ejemplo reciente. El telegrama de Ems debía anunciar al mundo sobre la reunión que mantuvieron, el entonces embajador de Francia, Vincent Benedetti, y el rey de Prusia. Esto marcó un hito en la historia moderna de Europa. Y ¿qué sabemos realmente sobre el contenido de este telegrama? ¿Aquello que dijo Bismarck? No obstante, ¿cuántas alteraciones hubo entre aquello que pensó y lo que dijo, entre lo que dijo a mi amigo Heinrich Abeken, y lo que éste escribió, entre lo que éste último dijo y aquello que pensaron los alemanes y los franceses, lo que dijeron y lo que hicieron para justificar o condenar la guerra que siguió? E incluso, aunque dispongamos de las verdaderas palabras de Benedetti, aún seguiremos ignorando cuál fue su tono de voz, el tono de voz del emperador cuando le respondió, la consternación o la burla que surgió cuando el canciller de hierro escuchó el eco de sus palabras y pensamientos por toda Europa. ¡Por lo tanto, esto sucedió ayer! Benedetti dijo lo que había dicho y lo que el emperador había respondido. Bismarck en persona dijo cuál era su intención cuando hizo publicar el falso telegrama para que el mundo entero lo leyera. ¿El historiador sabe lo que realmente sucedió y lo que pretendían las palabras de Benedetti, del emperador y de Bismarck? En Ems, ciudad desde donde escribo estas líneas, en el mismo lugar donde se dio a cabo esta famosa reunión, e incluso, las opiniones divergen sobre este punto. La versión que el diplomático francés ofreció, es totalmente diferente a la versión de Bismarck, y por lo tanto, hay tan solo una etapa del proceso dialógico que altera este discurso, en el momento que el mensaje pasó del rey a Benedetti y del rey a sus ministros.

De la misma manera, el lector de la historia moderna conoce las palabras que se atribuyeron a un oficial francés, Pierre Cambronne, en Waterloo: «La guarde meurt, mais ne se rend pas», y solo se necesita ir a los archivos franceses para conocer las verdaderas palabra proferidas en aquel histórico momento. ¿Cómo podríamos esperar escapar al poder de transformación de la tradición oral?

Claro está que los cambios provocados por este proceso son más o menos importantes de acuerdo a las circunstancias, sin embargo, pienso que jamás están ausentes en la historia. Y son particularmente flagrantes en los testimonios que hoy en día existen sobre la fundación de una religión y sus creadores. En el caso del budismo, algunos eruditos de renombre han incluso afirmado que el joven príncipe de Kapilavastu jamás existió, no obstante, la vida, los hechos y los pensamientos de este hombre fueron objeto de una de las cantidades más grandes de narraciones que cualquier otro fundador de religión. Y recordemos también que a Buda jamás se le ha atribuido ningún milagro en sus biografías, y que Buda mismo afirmaba que ni él, ni sus discípulos aceptaban tales alegaciones. Por el contrario, era feliz de haber sido un hombre terrenal que, según él, es la forma más elevada de un ser en el mundo, incluso más elevado que los ángeles y los dioses (*devas*). Atideva, «aquel que está por encima de los dioses», es uno de los nombres que se le han atribuido a Buda, y demuestra el estima que los budistas tenían por su maestro y por los dioses.

Es tiempo de reconocer la inevitable influencia del proceso dialógico en la historia. Esto nos permitirá resolver las interminables dificultades y las deshonestidades con las que nosotros mismos nos hemos engañado. Simplemente aceptemos que en un día, dentro de una semana o dentro de un año, incluso un mensaje enviado del cielo sufrirá inevitablemente del proceso dialógico y se contaminará con el aliento del pensamiento y debilidad del ser humano. De esta forma desaparecerán muchos problemas autoimpuestos, muchas historias deformadas por el infantil capricho del milagro encontrarán un sentido racional, y muchos rostros cubiertos con el velo de la apoteosis inapropiada, podrán mirarnos de nuevo con sus ojos llenos de divinidad, amor y de humanidad. Cada corazón honesto, sin importar su religión, se sentirá aliviado y agradecido si algún día llegara a comprender este proceso dialéctico o dialógico de la tradición oral, particularmente cuando sus fuentes puras y naturales puedan ubicarse.

Es por esta razón, y debido a que este proceso que, aunque común, es rara vez identificado a tiempo, que el retrato de Râmakrishna que hizo este discípulo arraigado lo más posible a la veracidad, puede llegar ser de nuestro gran interés. Resulta interesante, no solo por lo que es, sino también por lo que nos muestra con respecto a la forma en que una religión se difunde y se cuenta. No existe nada más humano que la religión, nada está más expuesto a las debilidades de la naturaleza humana. Poco importa el origen que una religión pueda tener, ya que desde el principio, su desarrollo y difusión dependen del receptor, que no es otro que el humano; y el estudio de la reacción de la naturaleza humana frente a la religión, es uno de los aspectos más útiles de la teología comparada.

He explicado a Vivekananda lo más claro posible, que los estudiantes europeos juzgarán de absurdos los relatos que hizo sobre su maestro, aunque éstos sean edificantes para los discípulos de Râmakrishna. Las historias de aquellos episodios milagrosos que sucedieron durante la infancia del santo, así como las apariciones de diosas (*devis*) que insuflaron al *sanniasin* el conocimiento de lenguas y de literaturas que, como todos sabemos, jamás tuvo en su verdadera vida, serán repentinamente lanzadas a nosotros los pobres incrédulos. Las descripciones de los milagros de Râmakrishna, aunque acompañados de buenas acreditaciones, resultarían más bien contraproducentes. Vivekanda conoce muy bien Inglaterra y Estados Unidos, y entendió perfectamente lo que le he explicado. No obstante, la descripción natural que hizo sobre la vida de Râmakrishna, revela, aquí y allá, rastros claros de aquello que yo llamo el proceso dialógico, así como la innegable tendencia milagrosa que caracteriza a sus devotos discípulos. Y me hace muy feliz que lo haya hecho, si esto lograra enseñar que ningún historiador puede pretender a otra cosa que no sea mostrar su interpretación, o la de la autoridad que debe seguir, sobre un hombre o un hecho. También consulté otra descripción de la vida de Râmakrishna, publicada en varios números de la revista *The Brahmavâdin*, pero lamentándolo mucho, su publicación se interrumpió a partir del volumen 19.

LA VIDA DE RÂMAKRISHNA

La Vida de Râmakrishna

Râmakrishna, según se dice, nació en el pueblo de Kamarpukur, en el distrito Hoogly, a unos seis kilómetros al oeste del distrito Jehanabad, y a cincuenta kilómetros al sur de Burdwan. Su vida terrenal se inició el 20 de febrero de 1833 y finalizó el 16 de agosto de 1886 a la una de la madrugada*. En su pueblo natal vivían principalmente personas de castas inferiores: herreros (los *karmakars*, también llamados *kamars* según la abreviación popular, o *kamarpukur*), algunos carpinteros, ganaderos (los *gowalas*), granjeros (*kaivartas*) y extractores de aceite (*telis*). El padre de Râmakrishna era el jefe de la única familia brahmán del pueblo. Era muy pobre, pero prefería morir de hambre que alejarse del camino de la estricta ortodoxia brahmánica. Llamó a su hijo Gadadhar (un nombre *Visnú* que significa «aquel que lleva el garrote»), porque en una ocasión, cuando se encontraba de peregrinaje en Gaya, tuvo un sueño profético en el que Visnú se le apareció. Ese dios le había dicho que iba a nacer en el cuerpo de su hijo. Fue algo más tarde que Gadadhar se convertiría en Râmakrishna. Dicen que, como era de esperar, su padre, que se llamaba Ksudirán Chattopadhyaya, era un hombre que amaba profundamente a Dios. Era un hombre de espíritu puro y cuerpo elegante, simple e independiente. Los rumores (que no son más que otra forma de diálogo, del que ya he hablado) afirman que poseía poderes sobrenaturales, particularmente el *vak-siddhi*, el poder de la palabra, pues todo lo que decía de cualquier persona, para bien o para mal, se producía. Los habitantes de su pueblo lo veneraban, se levantaban a su paso, lo saludaban y jamás hablaban de frivolidades en su presencia.

Su madre, Chandramani Devi, también era un modelo de simplicidad y gentileza; no podía ser de otra manera. La historia cuenta que, Mathuranatha, un rico discípulo devoto de Râmakrishna, vino un día a

---

* Incluso las fechas que aparecen en las notas bibliográficas de Râmakrishna y que se publicaron en diferentes revistas hindúes poco tiempo después de su muerte, son inexactas.

verla para pedirle que aceptara algunos miles de rupias pero, para su gran
sorpresa, Chandramani Devi no aceptó esta proposición.

El padre de Râmakrishna demostró que era una persona independiente
cuando aún vivía en Dere, en la propiedad que había heredado de sus an-
cestros. El *zamindar* del pueblo quería que fuese su segundo a cargo, y lo
amenazó con confiscar sus tierras y de expulsarlo del pueblo si se negaba. Pero Ksudirán rechazó su solicitud, abandonó la casa y migró hacia
Kamarpur, un pueblo situado a una legua del lugar. Gracias a la ayuda de
unos buenos amigos, logró vivir allí, y a pesar de su pobreza, jamás dejó de
demostrar su gran generosidad hacia los más desprovistos y siempre les
ofrecía hospitalidad. Frecuentaba principalmente los hombres creyentes,
se entregaba a muchas prácticas religiosas, y trataba de vivir cada instante
en el ejercicio de su fe.

Se dice que, un día, el padre de Râmakrishna se puso en camino para
visitar a su hija que vivía a unos veinte kilómetros de su casa. Ya había
recorrido más de la mitad del recorrido cuando pasó delante de un *aegle
marmelos*, un árbol de membrillo cubierto de nuevas hojas verdes. Para un
hindú, las hojas verdes de ese árbol son sagradas, pues éstas se emplean
en las ceremonias de adoración a Shiva. Era la primavera. Los árboles se
desprendían de su hermoso follaje y, desde hace algún tiempo, Ksudirán
no encontraba hermosas hojas para honrar a Shiva. Entonces, cuando vio
esas hojas, escaló el árbol y recogió lo más posible. Renunció a la idea de
visitar a su hija y regresó a casa para honrar a su dios. Amaba profundamente Rama y su divinidad tutelar era Sri Ramachandra, el puro. Ksudirán
Chattopadhyaya tenía un pequeño terreno que lindaba con el pueblo, y
durante el período de siembras, solicitaba una persona para que trabajara
su campo, y luego él mismo plantaba algunos granos de arroz para venerar Raghuvira. Seguidamente, pedía a los agricultores que terminaran el
trabajo. Se dice que las cosechas en ese pequeño terreno, siempre fueron
suficientes para poder alimentar a toda su familia. Ksudirán se entregaba
a Raghuvira, avatar del dios Rama, héroe de la dinastía de Raghú, y nunca
se preocupaba por el porvenir. Según parece, su hijo Râmakrishna, tenía
algo que a todo el mundo le agradaba. Al tan solo mirarlo, todos lo amaban como a un hermano.

Con tan solo una sola escucha, el joven era capaz de repetir todas las óperas y dramas religiosos, todas las piezas de teatro y todas las obras musicales. Tenía una hermosa voz y un gusto por la música. Juzgaba las virtudes y defectos de aquellas estatuas e imágenes de dioses y diosas, con bastante discernimiento. A pesar de que Râmakrishna era tan solo un niño, los ancianos del pueblo se fiaban de su opinión. También era capaz de dibujar a los dioses. En una ocasión reparó una de las representaciones en piedra de Sri Krishna que estaba rota. Hoy en día, esta estatua aún se puede observar en el templo de Dakshineswar, que Rani Rashmoni construyó a unos seis kilómetros al norte de Calcuta. Después de haber escuchado un drama religioso, la vida de Sri Krishna por ejemplo, reunía a todos sus pequeños compañeros para enseñarles a interpretar los distintos personajes y, en el campo, bajo los árboles, realizaban de nuevo la obra. A veces fabricaba una representación del dios Shiva, para honrarla junto con sus amigos. A sus seis años, conocía muy bien los *puranas*, el *Ramayana*, el *Mahabharata* y el *Srimad Bhagavata*, que había escuchado de la boca de los *kathakas*, hombres que predicaban y leían los puranas para iluminar a las masas ignorantes de la India. (Conocía probablemente todos estos textos en bengalí, porque, según su amigo Mozoomdar, jamás habló el sánscrito).

El recorrido del peregrinaje de Puri, atravesaba los alrededores del pueblo donde vivía y, a menudo, grupos de ascetas y devotos pasaban y se alojaban en el *dharmasala* (una casa de peregrinaje) construido por el *zamindar* del pueblo, miembro de la familia Laha. Râmakrishna iba a menudo para hablar con estos hombres sobre cuestiones religiosas, aprender sus tradiciones y escuchar las narraciones de sus viajes.

En la India, la tradición dice que los *pandits* y profesores de un vecindario se reunían para los funerales. Durante uno de esos funerales que tuvo lugar en la casa de la familia Laha, surgió una cuestión sobre los complejos puntos de la teología que los eruditos no lograban responder. El joven Râmakrishna se acercó a ellos y resolvió el misterio de la cuestión con simples palabras. Todos los presentes quedaron asombrados. (Quizás esto proviene de un *Evangelium infantiae*).

Un día, cuando aún no cumplía los diez años, Râmakrishna se paseaba en el campo bajo un despejado cielo azul, cuando vio a una tropa de grullas blancas que pasaban volando. El contraste de los colores era esplendido y estimulaba su imaginación. Esta imagen produjo tales pensamientos en él, que cayó al suelo en trance. (Una razón patológica muy simple que podría explicar este tipo de fenómeno, por lo tanto sería verídico. También podría tratarse de una imagen poética).

Râmakrishna era el más joven de la familia, que estaba compuesta por tres niños y dos niñas. Su hermano mayor, Ramkumar Chattopadhyaya, era un erudito profesor de la vieja escuela que enseñaba en su propio colegio, en Calcuta. A la edad de 16 años, Râmakrishna, que había recibido de su padre el lazo sagrado de los brahmanes, asistió a esta escuela. Grande fue su decepción al descubrir que, después de todas esas grandes discusiones sobre el ser y no ser, sobre Brahmán y el Maya, sobre la liberación del alma a través del conocimiento del *atman*, aquellos eruditos no aspiraban aplicar estas reglas en sus propias vidas, sino más bien pensaban en coleccionar oro y bienes lujosos, y de hacerse un nombre y un renombre. Entonces, habló con su hermano sin rodeos, y le dijo que no le interesaban esas enseñanzas cuyo único objetivo era de obtener algunas monedas de plata, algunos granos de arroz y algunas verduras. Por el contrario, él aspiraba aprender algo que le permitiera elevarse por encima de todo eso y ofrecerse a Dios. Desde entonces, se alejó de aquella escuela.

El templo de la diosa Kali se construyó en 1853, en Dakshineswar, a unos ocho kilómetros del norte de Calcuta. Se encuentra a orillas del río Gange, y es uno de los más hermosos de la India. Las actas del templo se establecieron a nombre del gurú de Rani Rashmoni, ya que ella formaba parte de una casta inferior, y ningún miembro de las castas superiores habría visitado el templo ni aportado alimentos, si las actas estuviesen a su nombre. El hermano mayor de Sri Râmakrishna fue el sumo sacerdote de este templo. Los dos hermanos estaban presentes en la inauguración del sagrado lugar, pero los prejuicios de Râmakrishna sobre las castas, eran tan arraigados en aquella época, que protestó vigorosamente contra el hecho de que su hermano esté bajo la autoridad de una mujer *sudhra*, es decir, una mujer de una de las castas más bajas, y se negó a aceptar la comida que había sido preparada en el templo, porque los *Shastras* así lo prohibían. Fue así como, en medio de las festividades de ese día, en el que se encontraban quince a veinte mil personas que se divertían con suntuosas representaciones, Râmakrishna fue única persona que no interrumpió su ayuno. Llegada la noche, se dirigió a un almacén, se compró un *paisa* de arroz frito, y regresó a Calcuta. No obstante, el amor que sentía hacia su hermano lo incitó a regresar al templo una semana más tarde. A petición de Ramkumar Chattopadhyaya, aceptó quedarse a vivir en el templo, bajo la condición de poder preparar sus propios alimentos a orillas del rio Gange, el lugar más sagrado para los hindúes. Unos meses más tarde, su hermano se enfermó y no pudo continuar a asumir sus funciones, por lo tanto, pidió a Râmakrishna que lo remplazara. Finalmente, terminó por aceptar y se dedicó a honrar a la diosa Kali con la devoción más grande.

Como hombre sincero, no podía hacer nada por simples razones mercantiles, y nunca actuaba sin la más profunda convicción. Comenzó a pensar que la diosa Kali era su madre y la madre del universo. La creía con vida, respiraba y comía de su propia mano. Luego de las tradicionales ceremonias, permanecía sentado durante horas y horas, cantaba, hablaba en honor a esta diosa, como un hijo que honra a su madre, hasta que terminaba por olvidar la existencia del mundo exterior. A veces lloraba durante horas sin consuelo alguno, porque no podía ver a su madre tan perfectamente como quería. La gente comenzó a dividirse con respecto a él. Algunos lo creían loco, otros en cambio, pensaban que amaba a Dios tan profundamente, que esta locura aparente no era sino la manifestación de este amor. Su madre y sus hermanos pensaron que sus delirios se calmarían cuando se casara y se ocupara de sus futuros hijos. Lo llevaron entonces a su pueblo natal y lo casaron con la hija de Rama Chandra Mukhopadhyaya, que se llamaba Srimati Sarada Devi, o Sarada Devi, y que tenía cinco años en aquella época. Cuentan que, cuando su madre y sus hermanos se pusieron a la búsqueda de una esposa para Râmakrishna, éste les dijo que una niña en particular estaba destinada a casarse con él, y que ella poseería todas las cualidades de una diosa (*devi*). Entonces, fueron a la búsqueda de esta niña.

Para Râmakrishna, algunas mujeres nacían con todas las cualidades de una *devi*, y al contrario, otras nacían con las cualidades demoníacas de una *asuri*. Las primeras, ayudaban a sus esposos a convertirse en religiosos, y nunca los incitaban al lujo ni a la sensualidad. Râmakrishna podía diferenciar unas de otras con tan solo mirarlas. Un día, años después de su instalación en el templo de Dakshineswar, Râmakrishna recibió la visita de una mujer completamente desconocida. Venía de una noble familia, estaba casada con un amable hombre, y tenía unos cinco o seis hijos, pero aún era muy bella y joven. Al verla, Râmakrishna dijo a sus discípulos que tenía las virtudes de una *devi*, y que iba a probarlo. Les pidió entonces que quemaran incienso delante de la mujer, que tomaran unas flores y las dispusieran a sus pies, y que la llamaran «madre». Esta mujer, que nunca había conocido la meditación (*samadhi*), y que nunca antes había visto a este hombre, cayó en un profundo trance, las manos elevadas, como para dar una bendición. Así se quedó durante varias horas y Râmakrishna comenzó a preocuparse de que su esposo podría acusarlo de practicar la magia negra. Entonces, comenzó a implorar a la diosa Kali, su madre, para que hiciera entrar a la mujer en razón. Rápidamente, la mujer retomó conciencia y cuando abrió los ojos, éstos estaban rojos. Tenía un aspecto de alcoholizada. Tuvieron que ayudarla a sostenerse para que se montara en la carreta y regresar a su casa. Esto es solo un ejemplo de hipnosis entre tantos otros.

Igualmente decía de los hombres. Al final de su vida, cuando las masas de hombres y jóvenes venían a verlo para escuchar sus enseñanzas, a veces señalaba a alguien de la asamblea con su dedo, alguien que fuera a vivir su vida en la religión. Los otros, decía, debían aprovechar la vida un poco más, antes de resentir el verdadero deseo por la religión. Le gustaba recordar: «el hombre que fue emperador en su otra vida, que conoció los grandes placeres que el mundo puede ofrecer, y que vio hasta qué punto resultaban en vano, alcanzará la perfección en esta vida en la tierra».

Después de su boda, Râmakrishna regresó a Calcuta y se dispuso de nuevo a ocuparse del templo. Pero, en lugar de disminuir, su fervor y su devoción se hicieron mil veces más profundas. Toda su alma se metamorfoseó en un torrente de lágrimas e imploró a la diosa que tuviera piedad de él y de revelársele. Ninguna afligida madre llora tantas lágrimas en el lecho de muerte de su único hijo, como hizo Râmakrishna en el altar de Kali. La gente se reunía a su alrededor y trataban de consolarlo, y cuando el sonido de las caracolas anunciaban la muerte del día, dejaba curso libre a su tristeza y decía: «Madre, oh mi madre, ha pasado un día más y aún no os he encontrado». La gente creía que estaba loco, o que sufría de un dolor insoportable, en efecto, ¿cómo habrían podido creer, ellos que estaban consagrados al lujo y al dinero, a la fama y la gloria, que un hombre pueda amar a Dios, o a la Diosa madre, con la misma intensidad que ellos querían a sus hijos y esposas? Babu Mathuranatha, el yerno de Rani Rashmoni que siempre sintió empatía por este joven brahmán, lo llevó a consultar a los mejores médicos de Calcuta para sanarlo de su locura. Pero, a pesar de sus talentos, no pudieron hacer nada por él. Solo un médico de Dacca le dijo que este hombre era un gran yogui, o asceta, y que ninguno de sus remedios serviría para curar su enfermedad, si verdaderamente se trataba de una enfermedad. Fue así como sus amigos terminaron por renunciar, pues lo creían perdido.

Durante este tiempo, el amor y la devoción de Râmakrishna crecían cada día más. Una mañana en que sentía su profunda separación de la *devi*, y que pensaba terminar con su vida por no ser capaz de soportar más tiempo la solitud, perdió toda sensación del mundo y su madre, Kali, se le apareció. Estas visiones se produjeron numerosas veces y entonces comenzó a encontrar la paz. A veces dudaba si esas visiones eran reales, y entonces decía: «las creeré verdaderas, si tal o tal cosa se realiza». Y esas cosas se efectuaban invariablemente, a la hora precisa donde lo esperaba. Por ejemplo, un día dijo: «las consideraré verdaderas y no el fruto de una enfermedad de mi cerebro, si ambas hijas de Rani Rashmoni, que nunca han venido a este templo, vienen esta misma tarde bajo el gran baniano y me hablen». Como era un perfecto extraño para ellas, grande fue su sorpresa cuando las vio paradas bajo el árbol en el mismo instante que las esperaba. Ambas lo llamaron por su nombre y le dijeron que buscara el consuelo, ya que ciertamente, su madre Kali sentiría compasión por él. Las jóvenes, que pasaban la mayor parte del tiempo en su *zenana* y jamás habían ido a un lugar público, aquel día, sin saber por qué, sintieron un súbito deseo de ir a ver el templo ese mismo día y obtuvieron el permiso para ir.

Las visiones de Râmakrishna se multiplicaban día a día y sus trances duraban cada vez más tiempo, a tal punto que sus fieles rápidamente se dieron cuenta de que ya no era capaz de ocuparse diariamente del templo. A veces sucedía que, por ejemplo, se colocaba una flor en la cabeza y se identificaba al dios o la diosa que iba a venerar, como lo indican los S *hastras*. Pero cuando se identificaba con su madre Kali, entraba en trance y permanecía en este estado durante horas. Asimismo, de vez en cuando perdía conciencia de su identidad, a tal punto, que terminaba apropiándose de las ofrendas obsequiadas a la diosa. A veces olvidaba adornar la imagen de Kali y se arreglaba él mismo con flores. Mathuranatha empezó entonces a oponerse a estas prácticas, pero, al parecer, rápidamente vio el cuerpo de Râmakrishna transformarse en el cuerpo del dios Shiva. Por lo tanto empezó a considerar a este hombre como Dios en persona y a dirigirse a él, llamándolo «Mi Padre». Designó entonces al sobrino de Râmakrishna para que se ocupara del templo, y así dejar a su maestro hacer lo que quisiera.

El alma ardiente de Râmakrishna no podía encontrar la paz en medio de esas frecuentes visiones, pero deseaba firmemente lograr la perfección y conocer todos los avatares de Dios. Râmakrishna comenzó entonces un período de doce años de *tapasiá*, una práctica asceta que hasta el momento no se conocía. Al final de su vida, al recordar todos esos años de tortura, decía: «en esos años, un poderoso tornado religioso soplaba dentro de mí, y puso todo al revés». Râmakrishna no estaba consciente de que ese período había durado tanto tiempo. Durante esos años, no pudo dormir profundamente ni un solo instante; ni siquiera podía dormitar. Sus ojos permanecían abiertos, con la mirada fija. Pensaba entonces que se encontraba enfermo de gravedad y, al mirarse en el espejo, introdujo su dedo dentro de la órbita de su ojo para que su párpado se cerrara, pero no se cerraba. Desesperado, gritó: «¡Madre!, ¡oh, mi madre!, ¿esto es lo que pasa por haberos llamado y haber creído en vosotros?», y rápidamente una suave voz resonó, un dulce rostro le sonreía y escuchó: «¡hijo mío!, ¿cómo deseas alcanzar el nivel más elevado de la verdad, si no abandonas el amor que sientes por tu cuerpo y por tu pequeña persona?». Râmakrishna explicó más tarde que «un torrente de luz espiritual iluminaba su espíritu y lo animaba a continuar». Él le decía entonces: «¡Madre!, nunca aprendí nada de esos hombres perdidos, pero aprenderé de vosotros y únicamente de vosotros». Y la voz le respondía: «¡si hijo mío!». Râmakrishna contó al final de su vida, que jamás buscó arreglar su físico. «Mi cabello creció hasta enredarse por completo, sin que me diera cuenta. Mi sobrino, Hridaya, me aportaba alimento todos los días, pero había ciertos días en que ni siquiera lograba hacerme comer un bocado. No me daba cuenta de nada. A veces yo iba buscar una escoba en el armario de los domésticos que limpiaba con mis propias manos, y rezaba: «¡Madre!, desaparece de mí la idea de que soy grande, de que soy un brahmán y que los otros son parias de clases inferiores; porque quiénes son ellos sino Vos misma, bajo otras formas».

«A veces –decía Râmakrishna– me sentaba a orillas del Gange, con algunas piezas de oro y plata, y una pila de basura a mi lado. Tomaba las piezas en mi mano derecha y los desperdicios en la mano izquierda, y decía a mi alma: ¡alma mía!, esto es lo que el mundo llama dinero, aquí están estas piezas que llevan el rostro de la reina. Procuran arroz y verduras, o bien, pueden alimentar a los pobres, construir casas y hacer todo lo que el hombre considera formidable, pero no pueden ayudarte a alcanzar la sabiduría eterna ni la felicidad, el brahmán. Entonces considera que estas piezas son basura». Mezclaba entonces las piezas y la basura entre mis manos y repetía sin cesar: el dinero es basura; el dinero es basura». Mi espíritu perdía la capacidad de diferenciar ambas, y terminaba por tirar todo en el Gange. No me sorprende que la gente me creyera loco». En aquella época, Mathuranatha, que era fiel devoto de Râmakrishna, en una ocasión llevó un manto cubierto de oro, sobre sus hombros. Costaba unas 1500 rupias. Al principio, Râmakrishna parecía apreciar su vestimenta. Pero, para la gran sorpresa de su discípulo, se lo arrancó de forma repentina, lo tiró al suelo, lo pisoteó, lo escupió y lo utilizó para limpiar el piso, al mismo tiempo que decía: «esto refuerza la vanidad y nunca permitirá a nadie de alcanzar la sabiduría eterna ni la felicidad (*satcitananda*). Por lo tanto no tiene más valor que un trapo rasgado».

«Fue alrededor de esta época, explicó Râmakrishna, que comencé a sufrir de una sensación de ardor en todo el cuerpo. Me quedaba de pie dentro del Gange durante todo el día, sumergido hasta los hombros con una toalla húmeda sobre la cabeza, tanto la sensación me resultaba insoportable. Luego, una dama brahmán se acercó a mí y me curó en tres días. Me cubrió el cuerpo con un ungüento de madera de sándalo y colocó guirnaldas alrededor de mi cuello. El dolor desapareció en tres días».

Esta mujer brahmán era, según nos han dicho, una bengalí extraordinaria.

Conocía las filosofías y las mitologías de la India, y podía recitar numerosos libros de memoria. Podía defender su punto de vista frente a los más grandes eruditos del país. Grande y graciosa, llevaba en ella todas las cualidades intelectuales y físicas que permiten a un hombre o a una mujer de sobresalir entre el común de los mortales. Tenía una bella voz y conocía la música. Había renunciado al mundo, practicado el yoga (el ascetismo), había obtenido maravillosos poderes yoguis y recorría la India vestida con el atuendo rojo de *sanniasins*. Nadie sabía nada acerca de su nacimiento, de su familia o incluso de su nombre, y nadie podía convencerla en revelarlo. Era como si una diosa, conmovida por las penas y los pecados de este bajo mundo, había descendido a la tierra para ayudar a los hombres a encontrar la perfección. Parecía siempre haber sabido que estaba destinada a ayudar a tres personas bien precisas, que estaban bien avanzados en su búsqueda de la perfección. Râmakrishna supo a través de su madre divina, que esta mujer vendría a verlo y le mostraría el camino que conduce a la perfección. Él la reconoció inmediatamente y ella lo reconoció también, y dijo: «ya encontré los otros dos hombres, os he estado buscando desde hace mucho, muchísimo tiempo, y hoy os he encontrado». Hasta entonces, Râmakrishna no había encontrado una sola alma capaz de comprender su devoción sobrehumana y su perfecta pureza. La llegada de esta mujer fue, desde entonces, un gran alivio para él. Su devoción y su amor eran infinitos.

Todos se sorprendían de la increíble erudición de esta mujer brahmán, pero nadie llegaba a comprender cómo podía amar a ese Râmakrishna que creían loco, e incluso, considerarlo superior a ella misma. Para probar que él era sano de espíritu, la dama mencionó algunas escrituras *vaisnavas*, se hizo prestar los manuscritos por algún erudito, y se puso a citar el texto, un pasaje tras otro, y así mostraba que aquellos que amaban a Dios con ardor, pasaban por los mismas transformaciones físicas que Râmakrishna. Esos libros decían que los estados físicos y mentales por los que Râmakrishna atravesó, también se habían observado cuatrocientos años antes, en el gran reformador religioso de Bengala, Sri Chaitania, y que se le habían administrado remedios con éxito. Por lo tanto, la sensación de ardor que a veces sufría Sri Râmakrishna, esa impresión de tener el cuerpo en llamas, estaba mencionado en las escrituras *vaisnavas*. La pastora de Braj,

Sri Radha la pura, la bien amada de Krishna, lo había vivido hace algunos siglos; tiempo después, Sri Chaitania también había pasado por esta experiencia. Ambos habían atravesado por esta dura prueba en el momento en que sentían un profundo dolor por la separación de su amado Dios, y ambos habían encontrado alivio gracias a la aplicación de un ungüento de madera de sándalo sobre sus cuerpos, y gracias a las guirlandas de flores con suaves aromas que habían utilizado. La dama brahmán no consideraba que se tratara propiamente de una enfermedad, sino más bien de un estado de malestar físico que conocían aquellos que alcanzaban el *bhakti*, el amor de Dios. Durante tres días, administró los mismos remedios a Râmakrishna, y éste encontró alivio.

En otra ocasión, durante la estadía de la mujer brahmán, un apetito insaciable se despertó en Râmakrishna. No importaba lo que comiera, siempre estaba insatisfecho, con un apetito que lo perseguía como si no hubiese ingerido nada. La mujer le aseguró que Chaitania y otros yoguis habían vivido la misma experiencia, e hizo traer todo tipo de platos que dispusieron en su habitación, a su lado, día y noche. Esta fase duró unos días, y luego, el panorama de su habitación con toda esta comida terminó por hacer efecto en su espíritu, y la falsa sensación de hambre desapareció.

La mujer brahmán vivió algunos años al lado de su amigo y lo incitó a practicar diferentes tipos de yoga que otorgan al hombre la capacidad de ser totalmente dueño de su cuerpo y de su espíritu, y a sus pasiones someterse a la razón. Estas formas de yoga llevan a una profunda y absoluta concentración del espíritu y, más que nada, dan la fuerza y la determinación necesarias para todo aquel que desee conocer la verdad, toda la verdad.

Fue entonces en esta época que Râmakrishna comenzó a practicar el yoga, esa disciplina física que logra un cuerpo fuerte y resistente. Comenzó por modular su respiración y practicó el yoga de ocho miembros que prescribió Patanyali. Sus profesores estaban asombrados del poco tiempo que necesitó para dominar todas esas prácticas ascetas. Una noche, mientras practicaba el yoga, se asustó al ver dos hilos de sangre que salieron de su boca. En aquel entonces, era uno de sus primos que se ocupaba del templo; Haladhari, un hombre puro de gran erudición, dotado de ciertos poderes psíquicos como el Vak Siddhi, el poder de la palabra. Unos días antes, Râmakrishna lo había ofendido al señalarle ciertos defectos de su carácter, a tal punto que su primo lo insultó y le dijo que de su boca brotaría sangre. Por lo tanto, Râmakrishna se sentía amedrentado, pero un gran yogui que vivía no tan lejos de allí, vino a su ayuda. Después de haberlo interrogado sobre su estado, le confirmó que era algo bueno que la sangre saliera de esta forma. Él debía impartir su enseñanza a muchos hombres y procurarles el bien, y es por esta razón que no tenía la autorización de acceder al *samadhi*, ese estado de trance del que nadie regresa. Le explicó que cuando un hombre alcanzaba la perfección del yoga, su sangre se precipitaba hacia su cerebro. Entonces el hombre accedía totalmente al *samadhi* y encontraba su identidad con el Ser supremo, pero no regresaba más nunca entre el común de los mortales para hablar a otros sobre sus experiencias religiosas. Solo unos regresaban, aquellos que, por la voluntad de Dios, habían nacido para ser grandes profesores de la humanidad. La sangre de éstos se precipitaba efectivamente hacia sus cerebros, y entonces podían sentir su identidad al unísono con el Ser supremo; luego la sangre salía de nuevo del cerebro y eran capaces de enseñar otra vez.

Râmakrishna terminó aprendiendo todo lo que la mujer brahmán podía transmitirle, pero siempre aspiraba con verdades más elevadas. Entonces un *gñanin*, un verdadero filósofo, se acercó a él y lo inició a las verdades del *vedanta*. Este hombre era un *sanniasin* y se llamaba Totapuri. Era grande, musculoso y fuerte. Desde su pequeña infancia había deseado unirse a la orden, y después de una gran lucha, había logrado encontrar las más elevadas verdades del *vedanta*. No utilizaba ropas y nunca descansaba bajo un techo. Si lo hubiese querido, las puertas de los palacios se habrían abierto para él, pero siempre pasaba la noche bajo un árbol, o bajo la bóveda azul del cielo, incluso durante el invierno, o durante la época de lluvias. Nunca se quedaba más de tres días en un mismo lugar y nunca pedía alimentos. Libre como el aire, deambulaba por el país, prodigaba sus enseñanzas, animaba las almas sinceras a buscar la verdad y los ayudaba a lograr la perfección que él mismo había logrado. Era la encarnación de la verdad, según el cual el *vedanta*, cuando es seguida correctamente, se vuelve una regla de vida concreta. Cuando vio a Sri Râmakrishna sentado en las orillas del Gange, vio inmediatamente en él a un gran yogui, y comprendió que su alma se encontraba perfectamente lista para recibir las semillas de las verdades más elevadas de la religión. Fue entonces a hablarle de inmediato y le dijo: «¡hijo mío!, ¿queréis conocer el camino que lleva a la libertad perfecta? Venid entonces y os lo mostraré». Râmakrishna, que nunca hacia nada sin consultar de antemano a su madre, la diosa Kali, respondió que aún no sabía lo que iba a hacer, pero que preguntaría a su madre. Regresó unos minutos más tarde y le dijo al *sanniasin* que estaba listo. Totapuri le hizo pronunciar el voto y le explicó cómo meditar y cómo encontrar la unidad. Después de tres días de práctica, alcanzó el estado más elevado del *samadhi*, el *nirvikalpa*, donde la percepción del sujeto o del objeto deja de existir. El *sanniasin* estaba completamente perplejo frente a la progresión tan rápida de su protegido, y le dijo: «¡hijo mío!, aquello que logré tras cuarenta años de intensa lucha, tú lo has logrado en tres días. No me atreveré a decir que sois mi discípulo, por lo tanto diré que sois mi amigo». Y el amor que este santo hombre sentía por Sri Râmakrishna era tan grande que permaneció a su lado durante once meses y aprendió muchas cosas a su turno. Una historia habla sobre este *sanniasin*. Siempre entretenía un fuego que consideraba sumamente sagrado. Un día, estaba sentado frente a ese fuego y hablaba con Sri Râmakrishna. Un hombre se acercó y prendió su pipa con el fuego. Tal sacrilegio hizo que el *sanniasin* perdiera su autocontrol, pero su discípulo le hizo este simple reproche: «¿es así como consideraos que debe ser un brahmán? ¿Acaso este hombre no es un brahmán, así como lo es el fuego? ¿Qué es lo elevado y qué es lo que no lo es ante los ojos de un *gñanin*?». El *sanniasin* recobró entonces el sentido y dijo: «hermano, tenéis razón. A partir de ahora no me veréis enfadarme más nunca. Y mantuvo su palabra. Sin embargo, nunca pudo comprender el amor que Râmakrishna sentía por su madre, la diosa Kali. Hablaba del tema como una simple superstición y se burlaba. Râmakrishna le hizo comprender que en el absoluto, no existe «vos», no existe «yo», no existe «Dios», ni nada; todo va más allá de la palabra y del pensamiento. Pero mientras aún exista la menor sospecha de relatividad, el absoluto se encontrará en el pensamiento y en la palabra, en los límites del espíritu. A su turno, el espíritu se somete al espíritu universal y a la conciencia, y para él, esta conciencia omnisciente y universal, era su madre y su Dios.

Después de la partida de Totapuri, Râmakrishna buscó permanecer unido en permanencia al Brahma y mantenerse en el estado de *nirvikalpa*. Más tarde, de este periodo de su vida, dijo lo siguiente: «permanecí seis meses en este estado de unión perfecta, rara vez alcanzado por los hombres. Y cuando los hombres lo logran, no pueden regresar más nunca al estado de conciencia. Sus cuerpos y espíritus no podrían soportarlo. Pero mi cuerpo está compuesto con partículas de *sattuá*, elementos puros, y puede tolerar tales presiones. En esta época, no estaba consciente del mundo exterior. Mi cuerpo habría muerto por la falta de alimento, si un *sadhu*, un gran religioso asceta, no hubiese venido a verme para quedarse a mi lado durante tres días para salvarme. Este hombre se dio cuenta de que yo había entrado en el *samadhi*, y se esmeró por preservar mi cuerpo, aunque yo mismo estaba inconsciente de su existencia. Cada día me aportaba alimento y, bajo todos los métodos posibles, buscaba hacerme entrar en conciencia o hacerme experimentar sensaciones. Incluso me pegaba con un pesado garrote, para que el dolor me trajera a la conciencia. A veces, lograba llevarme a un estado de seminconsciencia, y de inmediato, me forzaba a comer uno o dos bocados antes de que me perdiese de nuevo en un profundo *samadhi*. Otras veces, cuando no lograba despertar la más mínima reacción de mi parte, incluso después de haberme golpeado violentamente, se sentía triste». Después de seis meses, el cuerpo de Râmakrishna estaba agotado de este severo tratamiento y se enfermó de disentería. La enfermedad, explica, lo ayudó a entrar de nuevo en conciencia, de forma lenta pero segura, en uno o dos meses. Cuando los médicos lo curaron, su celo religioso tomó un nuevo giro: comenzó a practicar y a lograr la idea *vaisnava* del amor de Dios. Según las escrituras *vaisnavas*, este amor se manifiesta en diferentes tipos de relaciones: el lazo que une un servidor a su maestro, un amigo a su amigo, un hijo a sus padres, los padres a sus hijos, una mujer a su marido. El nivel más elevado del amor se logra cuando un alma humana alcanza a amar su Dios, de la misma forma como una mujer ama a su marido. La pastora de Braj resentía ese amor hacia el divino Krishna, y allí no existía el más mínimo pensamiento de relación carnal. Se dice que, ningún hombre puede llegar a comprender el amor de Sri Radha y de Sri Krishna, a menos que esté completamente liberado de los deseos de la carne. Los hombres ordinarios no deben leer aquellos libros que hablan sobre este tipo de amor, porque aún están bajo el yugo de la pasión. Para alcanzar este amor, Râmakrishna se vistió como una mujer durante varios días, imaginó ser una mujer, y terminó por lograrlo. Pudo ver entonces la maravillosa forma de Sri Krishna en trance, y quedó satisfecho. Después de su veneración al *visnuismo*, practicó muchas otras religiones expandidas en la India, inclusive el mahometismo. Siempre lograba comprender en un tiempo récord el propósito último de ellas. Cuando quería aprender y practicar las doctrinas de una religión, siempre conocía a un hombre, bueno y erudito de esta confesión, que lo ayudaba y aconsejaba el camino a seguir. Esta es una de las tantas maravillas que sucedieron en su vida. Se puede pensar que son coincidencias, lo que conlleva a decir que son maravillas y que no se pueden explicar. Tomemos por ejemplo, en la época en la que sentía el deseo de practicar la religión y de crecer en ella, ocurrió que estaba sentado bajo uno de los grandes banianos (un lugar llamado Panchavati, el jardín de los cinco banianos), al norte del templo. Pensaba que ese lugar bien aislado era perfecto para realizar sus prácticas religiosas sin que lo molestaran. Pensó entonces construir una pequeña choza de paja. Cuando el río salió de su curso y trajo con él todo lo que se necesitaba para la construcción de una pequeña choza: bambúes, palos, cuerdas, etcétera. Todos esos materiales aterrizaron a tan solo unos metros de donde estaba sentado. Los tomó contento, y con la ayuda de un jardinero, construyó su pequeña choza, donde practicaba el yoga.

Al final de su vida, pensó en aplicar las doctrinas del cristianismo. Tuvo una visión de Jesús y durante tres días no podía pensar en otra cosa que no fuera en Él. No podía hablar de otra cosa que no fuese de Jesús y de Su amor. Esas visiones tenían la particularidad de aparecer al exterior de su cuerpo, pero apenas desaparecían, parecían haberle penetrado. Así mismo pasó con Rama, Shiva, Kali, Krishna, Jesús y con todos los otros dioses, diosas y profetas que se le aparecían.

Después de haber tenido todas esas visiones y de haber practicado todas esas religiones, concluyó que todas las religiones eran verdaderas, a pesar de que solo tomen en cuenta un solo aspecto del *akhanda atchidananda*, es decir, la existencia única e infinita, el conocimiento y la belleza. Para él, todas las religiones parecían llevar a la unidad.

Durante todos esos años, se olvidó completamente de que estaba casado, pero para una persona que había olvidado la existencia de su propio cuerpo, no resulta sorprendente. Durante aquellos tiempos, la pequeña niña ya había alcanzado los diecisiete o dieciocho años de edad. Ella había escuchado los rumores que decían que su marido se había vuelto loco y estaba profundamente preocupada. Luego se enteró que se había convertido en un gran religioso. Entonces decidió ir a verlo y escuchar lo que él tenía que decirle sobre su destino. Al recibir la autorización de su madre, se dirigió al templo de Dakshineswar y recorrió a pie los cincuenta o sesenta kilómetros que los separaba. Râmakrishna la recibió de manera muy gentil, pero le dijo que el antiguo Râmakrishna había muerto y que el nuevo jamás podría ocuparse de una esposa. También dijo que a pesar de esto, veía a su madre en ella, la diosa Kali, y que así se esfuerce, jamás podrá ver otra cosa. Le hablaba como a su madre, la veneró con flores e inciensos, le pidió sus bendiciones como cuando un hijo las pide a su madre, para luego caer en un profundo trance. Su esposa, que era verdaderamente digna de este héroe, le dijo que no esperaba nada de él como esposo, pero que debería enseñarle a encontrar a Dios y permitirle de quedarse cerca de él para preparar sus comidas y hacer lo que pudiera por su salud y su comodidad. A partir de ese día, se instaló en el recinto del templo y comenzó a realizar todas las prácticas que su marido le enseñaba. Maturanatha le ofreció el monto de 1000 rupias, pero ella no las aceptó, y por el contrario, afirmó que su marido había logrado la perfección al renunciar al oro y a todos los placeres, y que ella misma los renegaba, ya que estaba determinada a seguir sus pasos. Ella sigue con vida, y todos la veneran por su pureza y su fuerza de carácter. Ayuda a otras mujeres a encontrar la religión y lograr la perfección. Considera que su esposo es la encarnación de Dios en persona y trata de continuar la obra iniciada por su marido.

A pesar de que Râmakrishna no recibió una verdadera educación, tenía una memoria increíble. Jamás olvidaba lo que había escuchado. Al final de su vida, quiso escuchar el *Adhyatma Ramayana* y le pidió a uno de sus discípulos que le leyera el texto original. Mientras escuchaba, otro de sus discípulos le preguntó si comprendía esos versos. Râmakrishna respondió que ya había escuchado ese libro y sus explicaciones, y que por lo tanto, lo conocía perfectamente. Luego añadió que quería escucharlo de nuevo porque el texto era magnífico y comenzó a recitar los versículos siguientes, antes de su lectura.

Gracias al yoga había obtenido poderes maravillosos, pero jamás quiso mostrarlos a nadie. Él decía a sus discípulos que, todo hombre que progresaba en el yoga, obtenía tales poderes, pero igualmente les previno y los exhortó a estar atentos a las opiniones de los hombres y a no tratar de impresionarlos, ya que el único objetivo era de tratar de alcanzar la perfección, es decir, la unión con Brahma. El poder de lograr milagros era más bien un obstáculo para la perfección, en la medida que desviaba la atención de la persona de su objetivo último. No obstante, aquellos que conocieron Râmakrishna, tienen numerosas pruebas que indican que poseía poderes, como la capacidad de leer los pensamientos, de predecir el futuro, de ver cosas que pasaban lejos de él, y de sanar enfermedades solo con la voluntad. El gran poder que más utilizaba, que era de lejos el más maravilloso, era el de transformar los pensamientos de un hombre con el tacto. Al simple contacto de Râmakrishna, algunos hombres accedían inmediatamente al *samadhi*. Estos tenían visiones de dioses y diosas, y por algunas horas, perdían toda sensación del mundo exterior. Otros, no experimentaban ningún cambio exterior, pero tenían la impresión de que sus pensamientos habían tomado una nueva dirección y habían recibido una nueva energía, gracias a las cual, podían tomar fácilmente un nuevo camino que les permitiera progresar en la religión. Así que, solo por citar dos ejemplos, aquellos que eran propensos a los placeres carnales se desinteresaban del tema, y los que eran avaros, perdían el amor por el oro.

Durante esa misma época, Mathuranata y su familia se fueron de peregrinaje, y llevaron a Râmakrishna con ellos. En el viaje, visitaron todos los lugares hindúes sagrados y se dirigieron hasta Vrindavan. Claro que, Râmakrishna aprovechó la oportunidad para visitar los templos, pero también para crear vínculos con hombres religiosos y con los *sanniasins* que vivían en aquellos lugares sagrados. Fue así como conoció al célebre Trailanga Swami de Benares y a Ganga Mata de Vrindavana. Esos *sadhus* le otorgaron una posición muy elevada, pues no solo lo consideraban como un brahmán *gñanin*, sino también como un *acharia*, un importante maestro religioso, o incluso una rencarnación de Dios en persona. En Vrindavan se sintió tan impresionado por los paisajes naturales, que estuvo a punto de instalarse en el lugar definitivamente. Pero el recuerdo de su vieja madre hizo que se regresara a su hogar. Durante el camino de regreso, quedó muy afectado por la pobreza en un pueblo cercano a Baijnath. Lloró amargamente y se negó a dejar ese lugar antes de haber visto a sus habitantes felices. Entonces Mathuranata alimentó a toda la población durante varios días y ofreció vestimenta y dinero a cada uno de los habitantes. Así, Râmakrishna quedó satisfecho y pudieron continuar el viaje.

«Cuando el viento acaricia la rosa, ésta exhala su perfume y las abejas se le acercan. Son las abejas que buscan la rosa y no la rosa que busca las abejas». Este dicho de Sri Râmakrishna se pudo comprobar muchas veces, incluso a lo largo de su propia vida. Una cantidad de hombres honestos, de toda religión y de todo tipo de creencias, se reunieron alrededor de él para recibir sus enseñanzas y beber el agua de vida. Estaba tan implicado en sus actividades de enseñanza y de proselitismo, y tanto se ocupaba de las masas hambrientas y sedientas que, de la aurora al crepúsculo, no podía comer ni beber. Los hombres, que el yoga había dotado con maravillosos poderes y de grandes conocimientos, venían a instruirse de los conocimientos de aquel *paramahamsa* analfabeto originario de Dakshineswar. Uno tras otro, lo reconocían como su gurú, su guía espiritual, conmovidos por su increíble pureza, el candor infantil, la generosidad perfecta y el lenguaje simple que utilizaba para profesar las más elevadas verdades de la religión y de la filosofía. Pero los habitantes de Calcuta no lo conocían, hasta que conoció a Babu Keshub Chandra Sen, que realizó algunos escritos sobre él. La entrevista que hubo entre Râmakrishna y Keshub, fue transcrita así: En 1866, Keshub llevaba una vida de plegarias y aislamiento en una casa en Belgharia, a unos tres kilómetros del templo de Dakshineswar. Râmakrishna oyó hablar de él y fue a verlo. Keshub quedó tan impresionado por la simpleza de su lenguaje portador del conocimiento más importante, por su maravilloso amor hacia Dios y por sus profundos trances, que comenzó a visitarlo de forma regular. Se sentaba durante horas junto a los pies de Râmakrishna y escuchaba extasiado sus maravillosos temas religiosos. De vez en cuando, Râmakrishna se perdía en el *samadhi* y Keshub tocaba delicadamente sus pies para purificarse. A veces, invitaba al *paramahamsa* a su casa o lo llevaba a hacer largos paseos en barco por el río, y le interrogaba sobre ciertos temas religiosos para aclarar sus dudas. De allí, un amor profundo y fuerte nació entre estos dos hombres y la vida de Keshub se transformó totalmente. Unos años más tarde, proclamó su punto de vista sobre la religión bajo la forma de un nuevo régimen, que no era más que una representación parcial de las verdades que Râmakrishna le había enseñado durante tanto tiempo.

Un breve resumen de las enseñanzas de Râmakrishna y algunos de sus proverbios que Keshub publicó, fueron suficientes para despertar un gran interés hacia el *paramahamsa*. Muchos eruditos de Calcuta y numerosas mujeres de la nobleza comenzaron a afluir para escuchar las enseñanzas de este formidable yogui. Desde la mañana hasta la noche, Râmakrishna comenzaba a hablarles para transmitirles su sabiduría. Incluso, después de la jornada, no se retiraba para descansar, ya que algunos de sus fieles se quedaban allí y pasaban la noche con él. A veces, olvidaba dormir y se quedaba para hablarles sobre la devoción (*bhakti*), el conocimiento (*gñana*), de sus propias experiencias y de la manera cómo alcanzaba esos estados. No descansaba a pesar de que el trabajo incesante comenzaba a pesarle. Los hombres y las mujeres eran cada vez más y más numerosos a su alrededor, pero él continuaba con su tarea. Cuando le rogaban que fuera a descansar, respondía : « estaré dispuesto a sufrir los peores dolores físicos, moriré cien mil veces si fuese necesario, si con esto, al menos una alma puede encontrar la libertad y la salvación ».

A principios de 1885, se enfermó con una faringitis que poco a poco se desarrolló en cáncer. Lo llevaron a Calcuta y los mejores médicos estuvieron al cargo de su sanación. El doctor Babu Mahendralal Sarkar y otros médicos, le aconsejaron que guardara el silencio más estricto, pero sin resultados. A cualquier lugar que Râmakrishna se dirigía, las masas de hombres y mujeres lo seguían y esperaban pacientes que pronunciara una palabra. Y él, lleno de compasión, rompía el silencio. A menudo, se perdía en el *samadhi* y no tenía más conciencia de su cuerpo ni de su enfermedad, y cuando regresaba en él, era de nuevo infatigable. Incluso, cuando su garganta se encontraba totalmente obstruida, que ya no podía tragar más alimento ni ningún tipo de líquido, él nunca renunció. Era tan valiente y estaba más feliz que nunca, cuando, el 16 de agosto de 1886 a las diez de la noche, entró en *samadhi* y más nunca regresó. Al principio, sus discípulos pensaban que se trataba de un *samadhi* ordinario, un estado que experimentaba a diario, en que los mejores médicos no llegaban a escuchar una sola pulsación o un latido de corazón, pero, lamentablemente, ésta vez se equivocaron.

Râmakrishna sentía tanta aversión hacia el oro y la plata, que no podía ni siquiera tocarlos, y si acaso tenía algún contacto con cualquiera de estas materias, comenzaba a crisparse, incluso durante su sueño. Dejaba de respirar y sus dedos se quedaban crispados y paralizados durante algunos minutos. Este estado se prolongaba aún después de que le retiraban el metal. Al final de su vida no podía tocar ningún tipo de metal, ni siquiera el hierro.

Râmakrishna era Dios y hombre a la vez. En su estado normal, se decía servidor de la humanidad. Consideraba que todos los hombres y mujeres eran Dios. Nunca quiso que lo llamaran gurú o maestro. Nunca quiso atribuirse una alta posición. Tocaba con deferencia el piso que sus fieles habían pisado. Pero de vez en cuando, estaba revestido de una conciencia divina. Entonces, se convertía en un ser completamente diferente. Se decía capaz de hacerlo y saberlo todo. Se expresaba como si tuviese el poder de dar cualquier cosa a cualquier persona. Decía que su alma era el alma de Rama, de Krishna, de Jesús, de Buda y ahora de Râmakrishna. Mucho antes de ser famoso, dijo a Mathuranata que pronto vendrían a él numerosos discípulos y que los conocía a todos. Dijo que era libre por la eternidad y que la lucha religiosa que había llevado a cabo, las prácticas que había efectuado, solo habían sido para mostrar el camino de la salvación a los hombres. Todo esto lo había hecho por ellos. Decía que era un *nitya-mukta*, un ser eternamente libre, una rencarnación de Dios. Sostenía que «el fruto de la calabaza aparece, y luego vienen las flores; así pasa con los *nitya-mukta*, seres libres por la eternidad que regresan por el bien de otros».

Cuando se encontraba en *samadhi*, perdía completamente la conciencia de su ser y del mundo exterior. Incluso, un día, sucedió que se había caído sobre unos carbones ardientes que le quemaron la piel durante horas sin que se diera cuenta. El cirujano tuvo que extraer el carbón de la piel, y cuando Râmakrishna regreso en sí, sintió su herida.

En otra ocasión, se resbaló y se fracturó la mano. El cirujano le inmovilizó la mano y le rogó que no la usara antes de que sanara completamente. Pero resultó imposible. Apenas alguien le hablaba de religión o de Dios, entraba en *samadhi*, sus manos se ponían tiesas, y de nuevo tenían que curar la herida. Así pasó durante semanas enteras. Se necesitó seis meses para que esta simple fractura se curara.

Mathuranata propuso muchas veces a Râmakrishna la adquisición del templo de Dakshineswar y le ofreció una renta de 25 000 rupias al año, pero éste se negó. Incluso dijo que debería huir del templo si Mathuranata continuaba a forzarle la mano. También sucedió que otro hombre le ofrezca 25 000 rupias, pero Râmakrishna también se negó.

Comentarios sobre la vida de Râmakrishna

Esto es todo lo que me envió Vivekananda cuando le pedí que anotase cualquier cosa que recordase o que hubiese hablado con otros discípulos de Râmakrishna. Ya le había avisado en numerodas ocasiones de que no me enviase meras fábulas, como lo que había leido sobre su gurú en varios periódicos indios, y creo que entendió a la perfección a lo que me refería. Sin embargo, es difícil no ver cómo empiezan los estragos que el dialogismo causa incluso en las primeras generaciones. Debio a la gran admiración que sentía por su difunto maestro, Vivekananda se mostraba indispuesto, es decir, sentía la incapacidad natural de creer o decir cualquier cosa que pudiese hablar mal de Râmakrishna. Además, este murió cuando se escribieró esta obra y el *de mortuis nihil nisi bonum* (no digas nada malo de los muertos) es un sentimiento profundamente arraigado en el corazón del ser humano. En un pueblo pequeño, no es fácil que alguien contradiga lo que todo el mundo cree y cuenta sobre una persona en concreto, especialmente, sin son amigos o admiradores. Y si a alguien se le considra diferente por tener poderes sobrenaturales o milagrosos, la gente siempre tiene algo nuevo que añadir para confirmar lo que todo el mundo quiere creer, mientras que una duda o una negación son consideradas como un signo de falta de amabilidad, posiblemente por envidia o malicia. De este modo, la historia de sacerdotisa brahman, por ejemplo, que fue enviada a Râmakrishna como mensajera e institutriz, nos sonará muy poco creible. Pero cuando la eschuché por primera vez, se describía a la sacerdotisa como una especie de diosa que conoció a su pupilo en un bosque y lo instruyó en todas las vedas, purânas y corrientes filosóficas, como a cualquier otro sarasvatî. La dificultad que tenía que resolver dicha aparición divina era, sin duda, el hecho de que Râmakrishna nunca había recibido una buena educación clásica, aunque hablaba con autoridad sobre la literatura antigua y la religión de sus compatriotas. Nadie niega el hecho de que no supiese hablar sánscrito. Es más, no sabía decir ni una palabra en la lengua sagrada de la India, algo que asegura uno de sus mayores admiradores, el reverendo P. C. Mozoomdar. Claro que hablaba begalí. Y un hombre que habla bengalí puede entender sánscrito, al igual que un italiano puede entender latín. Algunos de los textos clásicos escritos en sánscrito están traducidos al bengalí y podían haberle proporcionado toda la información que necesitaba para su propio objetivo. Por no hablar de sus contínuas conversaciones con grandes sabios que le habrían aconsejado antes cometer cualquier error o que habrían contestado a cualquiera de sus preguntas. De ese modo, no era necesario este *dea ex machina* (la diosa que aparece en escena gracias a una máquina). Si esta sacerdotisa brahman era considerada como una diosa, no ha de olvidarse que devî no es más que un título de honor que se da a las mujeres ilustres y de alta cuna, por lo que una mujer tan culta y sabia podría perfectamente haber sido considerada como una encarnación de la diosa Sarasvatî. En la India, el espacio existente entre las deidades y los humanos es muy estrecha; la creencia cuenta que los dioses se transforman en humanos y estos en dioses, sin mayor explicación.

La opinión de Mozoomdar

Afortunadamente, en este caso no solo contamos con el testimonio de Vivekananda, que, al ser un devoto discípulo de Râmakrishna, podría no ser objetivo al opinar, sino que también contamos con las voces de varios testigos independientes. Algunos favorables y no tanto. El testimonio de Mozoomdar ha de ser considerado como favorable. Este se mantiene al márgen de la propaganda de los discípulos de Râmakrishna, aunque habla de él con mucho respeto. En una carta que me escribió en septiembre de 1895, decía: «Ya he expresado con franqueza y cariño mi admiración por aquel buen hombre y nuestras obligaciones para con él, tanto en *La vida y enseñanzas de Keshub* como en *La última evaluación teísta*. Sin embargo, había otro aspecto de su personalidad que, claro está, no podía ser aceptado, ya que no era ejemplar». Y es aquí donde volvemos a encontrar otro factor del dialogismo.

El discurso de Râmakrishna

En ocasiones, su discurso era sumamente obsceno. Por ello, Râmakrishna era, como se suele decir, un verdadero mahâtman y no retiraría ni una palabra de todo lo que he dicho a su favor. Râmakrishna no era en absoluto un vedantista, aunque todo hindú se empapa de algo de vendantismo que de alrededor, lo que constituye el eje principal del culto nacional. No sabía decir ni una palabra en sánscrito y tampoco se piensa que hablase bengalí lo suficientemente bien. Su sabiduría espiritual era el resultado de una observación práctica y excepcional.

Hay parte de verdad y de imparcialidad en todo esto, y no hay rastro de esa envidia que suele surgir, incluso en la India, entre los reformistas religiosos y sus simpatizantes. En cuanto a su lenguaje obsceno, hay que estar preparado para escucharle hablar con toda esa franqueza, en comparación con otras etnias orientales. En un país en el que se permite que algunas clases de hombres se paseen completamente desnudos por lugares públicos, no es posible que el lenguaje esconda lo que se espera que no se diga. No obstante, hay una gran diferencia entre lo que es obsceno y lo que se supone que es obsceno. Dudo que lo que internacionalmente se considera obsceno o grosero, que se ha echado en cara a escritores como Zola, pudiese ser utilizado contra Râmakrishna. Es totalmente cierto que los hindúes que pertenecen a las clases sociales más altas, aunque no tienen por qué ser brahmans de nacimiento, son más meticulosos a la hora de expresarse. Rara vez podemos encontrar blasfemias de este tipo en las obras de Rammohun Roy, Keshub Chunder Sen y sus amigos. Sin embargo, en la India, hablar con un cierto grando de franqueza, al contrario que en Inglaterra, no reulta ofensivo; todo estudiante sabe que muchos de los poemas clásicos que estudian, incluso las sagradas escrituras, contienen pasajes que simplemente no pueden ser traducidos al inglés. En los tres siglos (sataka) de Bhartrihari, entre algunos temas como la sabiduría del mundo, el amor y la pasión, el segundo, el del amor, ha sido por lo general omitido de las traducciones al inglés. Pero el espíritu de ese srimgâra-sataka es exactamente el mismo que el de las novelas de Zola. Por el contrario, el objetivo del poeta es advertir a la gente de los peligros de la voluptuosidad, no como algo criminal en sí, que nunca ha formado parte de la visión india, sino como un obstáculo en la obtención de esa serenidad de la mente, sin la que no se pueden cumplir los objetivos de la vida: el desapasionamiento, la serenidad y la lucidez. Hace poco, Purohit Gopi Nath, M.A. (Bombay, 1896) publicó una edición más útil de los tres satakas.

No hay que olvidar que en Homero, en Shakespeare, es más, hasta en la Biblia, hay pasajes en contra de nuestros gustos modernos, pero nos oponemos a las ediciones retocadas, porque las obscenidades nunca son de carácter intencional y solo lo parecerían si las omitiésemos.

La mujer de Râmakrishna

Otra de las acusaciones contra Râmakrishna que Mozoomdar parece considerar cierta es lo que él denomina como la la barbarie con la que trató a su mujer. Evidentemente, lo que quiere decir es que se olvidó de ella o que la abandonó hasta que cumplió diecisiete años. Sin embargo, esto no podría llamarse barbarie en la India, donde, según la tradición, una niña de cinco años, como lo era su mujer cuando se casó con él, debe quedarse en casa de sus padres durante años, antes de irse a vivir a la casa de su marido y de los padres de este. Y el estilo de vida de Râmakrishna no es, en absoluto, poco usual en paises orientales ni tampoco en paises occidentales.

Vivekananda nos contó que, cuando su mujer cumplió diecisiete años y fue a buscarlo, Râmakrishna la recibió con mucha amabilidad y que estuvo bastante satisfecha de vivir acatando sus normas, aunque este solo le hiciese ver la luz para poder seguir y servir a Dios. Sin lugar a dudas, aquella era una relación sin precedentes y no puede calificarse de barbarie, como dice el proverbio latino *volenti non fit injuria* (no se comete injusticia con quien actuó voluntariamente). Aunque parezca raro, no hace mucho tiempo recibí una carta de una mujer estadounidense que había visitado a la viuda de Râmakrishna. Su nombre era S. C. Ole Bull y era la viuda de un renombrado violinista, profundamente interesada por los movimientos religiosos de la India. El 11 de julio de 1898 me escribió una carta en cachemira desde Srînâgar: «Éramos los primeros extranjeros a los que se les había permitido ver a Sarada-devî, la viuda de Râmakrishna. Decía que éramos sus hijos y no le resultaba extraña nuestra compañía, mientras decía que nuestra visita era obra del Señor. Cuando le preguntamos sobre la obediencia a su gurú, en cuyo caso se trataba de su marido, nos contó que, una vez se elige un gurú o maestro, hay que escuchar lo que dice y obedecer todas sus directrices para progresar espiritualmente. Sin embargo, en lo temporal, solo se puede servir verdaderamente a un gurú utilizando tu propio discernimiento, incluso si a veces no se está de acuerdo con las sugerencias recibidas.

Cuando aceptó sin rechistar la propuesta de su marido, al que había estado unida desde que se habían casado cuando era una niña, de llevar una vida de samnyâsin, se ganó su amistad y se convirtió en su discípula, recibiendo instrucciones cada día. Al cabo de todos los años que vivió junto a él, acabó convirtiéndose en su asesora, rezando para no defraudarle nunca. También hizo voto de pobreza y castidad, y al renunciar a las alegrías que la naturaleza le brinda a una madre, se convirtió junto a él en una madre espiritual para muchos niños».

Resulta extraño que alguien tan iluste y experimentado como Mozoomdar calificase el hecho que la mujer de Râmakrishna viviese con él de barbarie. Evidentemente, ella no pensaba lo mismo y tampoco he oido nunca que sufriese bejaciones por parte de su marido. Si estaba satisfecha con su vida, a quién le importa; ¿acaso es imposible que exista amor entre un marido y su mujer sin que estos tengan hijos? Tenemos que aprender a creer en la honestidad hindú, independientemente de lo incrédulos que podamos ser sobre estos temas en nuestro país. En fin, no sé de nadie más que se haya sentido ofendido por el matrimonio espiritual de Râmakrishna.

La influencia de Râmakrishna en Keshub Chunder Sen

En el caso de la relación de Râmakrishna y Keshub Chunder Sen, se produce un malentendido aún más doloroso. Un discípulo puede significar muchas cosas, pero Keshub Chunder Sen nunca tuvo ningún problema en reconocer un mérito cuando había que hacerlo y era la ultima persona que negaría el nombre del maestro o instructor de Râmakrishna, o de cualquier otra persona de la que hubiese recibido inspiración, valor o instrucciones. «Quien quiera que sea», escribe, «quiero aprender de él. Si veo a un juglar normal y corriente, me encantaría aprender ecuchándole tocar. Si me encuentro con un asceta, considero que acabo de recibir un lac de rupias. Aprendo mucho escuchando sus oraciones. Cada vez que un santo se despide de mí, puedo sentir con claridad cómo deposita en mi corazón sus virtudes. Me convierto en él hasta cierto punto; soy un discípulo por naturaleza». Por otra parte, nadie detestaba más el título de maestro gurú que Râmakrishna. Sin embargo, Mozoomdar, un familiar de Keshub Chunder Sen, que, evidentemente, malinterpretó lo que significaba la influencia anteriormente mencionada que Râmakrishna ejercía sobre Keshub Chuder Sen, junto a otros de sus discípulos, está ansioso por establecer la prioridad de Keshub Chunder Sen, como si hubiese prioridad en la verdad filosófica o religiosa. «Keshub Chunder fue el que sacó a Râmakrishna de la oscuridad», asegura. Puede que tenga razón, pero ¿con qué frecuencia un discípulo ha resultado fundamental para realzar a su maestro? De esta forma, cprosigue lanzando acusaciones contra Râmakrishna, que podrían ser ciertas o no, pero que no tienen nada que ver con la verdadera relación entre Keshub y Râmakrishna. Si fuese cierto, como se cuenta, que las prostitutas no le aburrían moralmente, no sería el único entre los fundadores de la religión. Si resultase que no siguió el principio de la abstinencia alcohólica, de acuerdo con las nociones occidentales, si ese fuese el caso, hasta donde yo sé, nunca nadie le ha acusado de excederse con la bebida. Tales disputas y cavilaciones habrían sido muy desagradables tanto para Keshub Chunder Sen como para Râmakrishna. Solo tenían palabras de elogio y admiración mútuo y fue una verdadera lástima que su relación haya sido criticada desde la envidia y que, por consiguiente, se haya malinterpretado completamente. Puedo entender que en la India, donde la relación entre un gurú y un sishya es muy peculiar y está muy delimitada, uno de los familiares de Keshub Chunder Sen protestase por el hecho de que Râmakrishna representase a Keshub como gurú. Keshub no tenía un gurú de verdad y tampoco era un brahman de nacimiento como Râmakrishna. Pero, al igual que Mozoomdar, ha admitido en numerosas ocasiones haber aprendido de Râmakrishna. En cuanto a mí, solo puedo decir que la memoria de Keshub Chunder Sen está bastante segura en mis manos. Quizá más que en las manos de sus familiares. Yo estuve a su lado para apoyarle cuando sus mejores amigos le abandonaron y le dieron la espalda. Si alguna vez se han podido malinterpretar mis palabras en la India, declaro con mucho gusto que ni Râmakrishna actuó como un gurú ni Keshub Chunder Sen, como sishya. Lo único que me interesaba era si la influencia que ejercía el primero sobre el último podría haber condicionado ciertas fases en la posterior evolución espiritual de Keshub Chunder Sen. Sería de gran ayuda para analizar la obra de Keshub Chunder Sen si supiésemos que, según las palabras textuales de Mozoomdar, «su relación con Râmakrishna originó la concepción de la maternidad de Dios»; o «que el extraño elitismo de Râmakrishna inspiró a Keshub para extender la estructura espiritual de su propio movimiento». Sin embargo, no seré yo, sino los demás los que digan si, al final de su vida, Keshub se volvió místico y extático en sus declaraciones o si su concepto de divinidad bajo la forma de la diosa madre estaba inspirado en Râmakrishna. Sea cual sea el sentido de las palabras «místico» y «extático», si se tradujesen al bengalí, en inglés representan exactamente ese espíritu que impregna muchas de las declaraciones de la denominada Nueva Dispensación, que fue acatada de forma demasiado severa por los numerosos seguidores de Keshub en Europa. «Místico» no posee una connotación tan negativa en inglés como su término equivalente en bengalí. La gente siempre piensa que «místico» tiene algo que ver con la bruma (the mist, en inglés). De este modo, B. R. Rajam Iyler escribió posteriormente en el diario *Prabuddha Bharata* (pág. 123):

«El vedânta seguramente sea misticismo si lo que pretende es hacer que un hombre viva sin comer, permitiéndole preservar su vida tanto tiempo como le plazca, o quedarse rígido como un cadaver, completamente muerto para los demás, aunque todavía pueda quedar una oscura chispa de vida en el sistema. El vedânta será misticismo si lo que persigue es permitir al hombre lograr grandes hazañas, como volar por el aire, abandonando su cuerpo y vagando por el espacio sin ningún obstáculo como un fantasma, o entrando en el cuerpo de los demás, poseyéndolos como si fuesen espíritus y hacer cosas sobrenaturales de este tipo. El vedânta puede que sea misticismo si lo que pretende es hacer que el hombre sea capaz de leer el pensamiento de los demás y dejarlo sumido en un trance eterno, estando más muerto que vivo». Cito estas palabras para mostrar, en parte, el indebido uso que se hace del término»misticismo«. En este caso no se debería utilizar el término»misticismo«, sino»fraude« o»tomadura de pelo« ; y en parte también para mostrar lo que no es el vedânta o lo que nunca fue, sin lugar a dudas, para Keshub Chunder Sen o Râmakrishna. Lo hago para expresar mi convicción de que algunas fases posteriores a la denominada Nueva Dispensación de Keshub no fueron esenciales en su enseñanza original; algo que he tratado de relacionar con su respectivas fuentes. Si algunos seguidores de Râmakrishna hubieran aprovechado los beneficios de estas consideraciones, seguramente esas envidias y maledicencias locales no tendrían lugar. Que Oriente y Occidente se comprendan desde la sincerida, uno de los grandes ideales de Keshub, es algo que no pueden promover los infantiles malentendidos de los autoproclamados defensores de Keshub. El mismísimo Keshub sería la última persona en aprobar el espíritu de sus apasionados seguidores, por muy buena intención que tengan, como creo que es el caso.

La escuela filosófica del vedânta

Si volvemos atrás, a Râmakrishna, puedo asegurar, como gran defensor de Keshub que soy, que nunca pensé que Râmakrishna fuese el creador de la escuela filosófica del vedânta. No era un hombre que hubiese estudiado en clase el antiguo sistema de la escuela filosófica del vedânta. Ni siquiera estoy seguro de que Keshub Chunder Sen estudiase los famosos comentarios de Samakara o Râmânuga sobre los sutras del vedânta. Pero ambos estaban completamente empapados del espíritu del vedânta, que de hecho es como el aire que respira todo hindú religioso o interesado por la filosofía que se precie. Es difícil saber si deberíamos tratar el vedânta como una corriente filosófica o como una religión, ya que ambos enfoques se alejan bastante del punto de vista hindú.

Sin embargo, resulta curioso que tanto Keshub Chunder Sen como Râmakrishna utilizasen una mezcla de ideas europeas al hablar. Ninguno de los dos habría hablado tal y como hablaban, antes de que el Gobierno inglés comenzase a tomar medidas para fomentar la educación en la India. Gran parte de sus enseñanzas son, sin lugar a dudas, indias hasta la médula. Es la vieja filosfía india, denominada adecuadamente vedânta o el mayor objetivo de los textos védicos, pero, en ocasiones, hay mucho más que una simple influencia de corrientes intelectuales europeas en los escritos de Keshub. Asimismo, solemos encontrar en estos referencias bastante inesperadas a temas europeos, sin excluir el ferrocarril y el gas.

Es necesario explicar en pocas palabras el carácter de la escuela filosófica del vedânta, que es el elemento vertebrador de la doctrina de Râmakrishna. No obstante, no es nada fácil resumir esa antigua corriente filosófica. Sobre todo, si tenemos en cuenta que todavía existe a día de hoy y que parece haber existido siempre con tres formas diferentes: la escuela advaita (escuela no dualista), la escuela visishta-adavaita (escuela no dualista) y la escuela dvaita (escuela que distingue entre Dios y las almas individuales). Esta última no parece tener derecho a llamarse vedânta, aunque se la denomina como tal. La advaita o escuela no dualista, principalmente representada por Samkara y sus seguidores, sostiene que hay y que puede haber una única realidad, tanto si se llama Dios, la infinidad, lo absoluto, lo desconocido o Brahman. De esta forma, sigue las reglas más estrictas de la lógica de que lo que quiera que sea o parezca ser, solo puede ser lo absoluto, aunque Avidyâ y la necedad lo conciban erroneamente. El alma humana, como todo lo demás, es y solo puede ser Brahman o lo absoluto, a pesar de que, durante un tiempo, fuera malinterpretado por Avidyâ o la necedad. En contra de lo que habitualmente se piensa, el deseo del alma individual no es un acercamiento a Brahman o una unión con este, sino una transformación en lo que siempre ha sido, una recolecta de su verdadero ser, el reconocimiento del único e indivisible Brahman como base eterna de cualquier alma aparentemente individual.

La senguda escuela no dualista, llamada visishta-advaita, o advaita, estaba destinada, evidentemente, a un publico más amplio; para aquellos que no pudiesen negar la realidad del mundo sobrenatural o un cierto punto de individualismo en sus propias almas. Es difícil determinar cuál de las dos escuelas era más antigua y, después de haber escuchado la brillante exposición del profesor Thibaut, estoy obligado a reconocer que la interpretación visishtâdvaita me parece que está más relacionada con los sûtras de Bâdarâyana. Es verdad que Râmânuga vivió durante el siglo doce, mientras que Samkara nació en el siglo ocho, pero ya habían aparecido teorías y comentarios relacionados con la escuela visishtâdvaita mucho antes de Râmânuga. Considerada como un caso de atletismo filosófico, es imposible no admirar esta escuela tan rígida y monástica. Samkara no hace concesiones de ningún tipo. Comienza y nunca se divide, convencido de que, sea lo que sea, es uno y uno en sí mismo, sin sufrir alteraciones o variaciones. Esto, lo que él denomina como Brahman, no posee ninguna cualidad (visesha), ni siquiera la de ser o pensar, sino que es tanto el ser como el pensar. Cada vez que se intenta definir o calificar a Brahman, Samkara solo responde de una forma: ¡no! ¡no! Al preguntar por el origen de lo inegable, es decir, del inabarcable mundo de los sobrenatural o del mundo tal y como aparece reflejado en nuestra conciencia, con todos sus sujetos y objetos individuales, todo lo que Samkara se digna a decir es que su origen es Avidyâ o la necedad. He aquí lo que sorprende al pensamiento occidental como punto débil de la filosofía vedânta de Samkara. Hemos de decir que incluso este Avidyâ, que hace que aparezca el mundo sobrenatural, tiene que tener en sí algo de causa y de realidad, pero Samkara no lo tolera. Según su opinión, al ser una ilusión, la necedad no es ni real ni irreal, sino que es algo exactamente como nuestra propia ignorancia cuando, por ejemplo, creemos haber visto una serpiente, aunque lo que realmente hemos visto es una cuerda y, aún así, nos alejamos rápidamente como si se tratase de una cobra de verdad. Una vez se adquiere esta necedad creativa, todo transcurre con normalidad. Brahman (o Âtman), tal y como lo concibe o imagina Avidyâ, parece haber sido alterado, transformándose así en algo grandioso. Nuestros instrumentos del conocimiento, ya sean los sentidos o la mente, o mejor dicho, todo nuestro cuerpo, deberían considerarse más bien como impedimentos o trabas, como upâdhis, que uno tiene la tentación de traducir como «imposiciones». Y he aquí donde surgen las dificultades. Acaso son estos upâdhis, estos órganos del conocimiento que inducen a la confusión, la causa o el resultado de Avidyâ? Junto con nosotros, estos son la causa de Avidyâ; pero ¿acaso no son, como todo lo que decimos que ha sido creado, el resultado de esa cada vez menor Avidyâ universal, sin la que Brahman nunca podría haberse convertido en un fenómeno todavía más creativo? Esto es algo que requiere una mayor reflexión. Samkara lo menciona de pasada en su comentario (pp. 787-789), en el que dice*: «La omnisciencia y omipotencia del âtman se ocultan tras la unión de este con el cuerpo, es decir, la unión con el cuerpo, los sentidos, los manás (la mente) y el buddhi (el pensamiento), los objetos y la percepción de se tiene de ellos». Y he aquí el símil: El fuego arde y resplandece, aunque ambas características desaparezcan cuando el fuego abandona la madera o cuando se cubre de cenizas. De la misma manera, mediante la unión del yo con el upâdhis, como el cuerpo o los sentidos, es decir, con los upâdhis formados por Avidyâ de Nâmarûpa, nombres y formas, aparece el error del âtman sin guardar ninguna diferencia. Esto es lo que hace se escondan la omnisciencia y la omnipotencia del âtman. Cuando Brahman está bajo la influencia de Avidyâ acepta o recibe nombres y formas (nâmarûpa), cuya etimología es muy similar a la del griego λόγοι, o los arquetipos de todas las cosas. Y después están los elementos materiales objetivos que constituyen los cuerpos animados e inanimados o todo el mundo objetivo. Sin embargo, todo esto no es más que ilusorio. En realidad, las cosas individuales o las almas individuales (gîvas) no existen; solo lo hacen mientras la nesciencia prevalece sobre el âtman o Brahman.

Ekam advitîyam, uno solo sin un segundo

Si entonces te preguntas qué hay real en todas las cosas y almas individuales, la respuesta es Brahman, el único sin un segundo. El único más allá del cual no hay nada; pero esta respuesta solo puede ser comprendida por

---

* Deusse, *Sistema de los Vedânta*, pág. 115.

aquellos que conocen la Avidyâ, que, al conocerla, la han destruido. Otros, en cambio, creen que el mundo es esto y lo otro, y que ellos mismos son esto y lo otro. El hombre cree ser un ego que reside en un cuerpo, que ve y escucha, que entiende y razona, que razona y actúa; mientras que, para el Vedânta más estricto, el verdadero yo se encuentra muy por debajo del ego, o del aham, que pertenece al mundo de la ilusión. Como ego, el hombre se ha convertido en un actor y amante de la vida, en vez de continuar observando el mundo desde la distancia. A continuación, entra en el samsâra, la confluencia del mundo: pasa a ser la criatura o el esclavo de sus actos acumulados (karman) y, así, va cambiando hasta que al final descubre el verdadero Brahman. Este existe verdaderamente al estar solo y, como ser que es, se le conoce como âtman o el yo, así como paramâtman o el más grande de los âtmans y brahmans, que son una misma y única cosa. Las buenas acciones pueden resultar útiles para alcanzar un estado mental adecuado y, así, obtener este conocimiento. Sin embargo, los hombres solo pueden salvarse y obtener el mukti, la libertad, mediante el conocimiento y no, a través de buenas acciones. A dicha salvación o libertad se refieren las célebres palabras «tat tvam asi, thou art that, i.e. thou art not thou», pero eso, es decir, el único Brahman que existe, el âtman, el yo y el Brahman son uno solo y el mismo.

Por extraño que nos pueda resultar, hasta ahora, la idea actual de que Dios creó el mundo de la nada puede significar, estrictamente hablando, que nada más aparte de eso puede existir junto a Dios; que Dios, fuera de su propia energía, suministraba tanto a la causa material del mundo como a la eficiente. Râmânuga es menos severo. Coincide con Samkara al admitir que solo puede haber una única cosa real, llamada Brahman, pero acepta lo que Samkara niega con tanto ímpetu, que Brahman posee atributos. Según Râmânuga, su principal atributo es el pensamiento o la inteligencia, aunque también se le permite estar dotado de omnipotencia, omnisciencia, amor y otros dones. Se le permite poseer ciertos poderes (saktis), las semillas de la pluralidad, de forma que tanto los objetos materiales de nuestra experiencia como las almas individuales (gîvas) pueden ser consideradas como mortificaciones reales del verdadero Brahman y no simplemente como un fenómeno o una ilusión (mâyâ). En esta capacidad modificada, cuando se habla de Brahman, se habla de îsvara, el Señor, y se supone que tanto el mundo reflexivo (kit) como el irreflexivo (akit) constituyen su cuerpo. De esta forma, se le llama Antaryâmin, el controlador desde dentro, de modo que tanto los objetos y las almas que controla tienen derecho, en su individualidad, a una realidad independiente, algo que, como ya se ha mencionado anteriormente, Samkara rechaza rotundamente. Aunque Râmânuga difícilmente aceptase nuestra idea de creación, él habla de la evolución o de un proceso por el que todo lo que existía potencialmente o que existía bajo una simple forma invisible en el Brahman. Sin embargo, en su estado no desarrollado (pralaya), se hace visible, material, objetivo e individual en este mundo extraordinario. ¿Podrían haber soñado nuestros evolucionistas con un mejor ancestro? La fraseología podría ser distinta, pero su significado es el mismo. Râmânuga distingue entre Brahman como causa y Brahman como efecto, pero defiende al mismo tiempo que causa y efecto siempre son lo mismo, aunque lo que llamamos causa se somete a parinâma. Es decir, se desarrolla, para llegar a ser lo que conocemos como efecto. En lugar de sostener junto con Samkara que Brahman nos ha decepcionado, que lo apartamos o invertimos (vivarta), mientras que Râmânuga, debido a la influencia de la necedad, defiende que Brahman sí que cambia, que lo que al principio es potencial en él acaba siendo real y objetivo. Otra de las grandes diferencias entre los dos es que, mientras que el principal objetivo de Samkara consiste en que Brahman se recupere a sí mismo mediante el conocimiento, Râmânuga reconoce el mérito de las buenas acciones y permite que el alma pura ascienda, mediante sucesivas fases, al mundo de Brahman, donde puede disfrutar de la felicidad plena sin temor a nuevos nacimientos o mayores transmigraciones. Junto a él, como con nosotros, se supone que el alma alcanza verdaderamente el trono de Brahman para ser como Brahman y participar en todos sus poderes, excepto en uno, el de crear; esto es enviar de vuelta el mundo extraordinario, controlarlo y absorberlo de nuevo cuando llegue el momento. De este modo, no solo Râmânuga otorga individualidad a las almas individuales, sino también a Îsvara, el Señor, el dios con forma humana. En cambio, para Samkara un dios con forma humana sería tan irreal como un alma con forma humana, que solo llegarían a ser reales en su identidad recuperada.

Así pues, lo que representa Râmânuga como la mayor de las verdades y
como el mayor objetivo que el hombre pueda alcanzar para obtener la salvación no es rechazado por completo por Samkara. Puede llegar a tolerarlo,
aunque lo considera como conocimiento de menor categoría, el Brahman
con forma humana como un Brahman de menor categoría. A ese Brahman
se le llama aparam, inferior, agunam, y cuando se le considera un simple
dios con forma humana, Râmânuga y sus numerosos seguidores le veneran,
incluso utilizando nombres tan populares como Vishnu o Nârâyana. Con
Samkara, ese Îsvara con forma humana o Dios sería concebido como el
pratika, la cara externa o la única apariencia. Casi podríamos decir que la
persona o la πρόσωπον de la divinidad y su adoración (upasana), aunque
ignorante, se tolera e incluso recomiendan como prácticamente útil. Desde
su punto de vista, la idea de Dios que tienen el cristianismo y el judaís-
mo sería idéntica: un patrika o una presencia divina con forma humana.
Un culto a dicho dios hace que la divinidad se convierta en la razón por
la que los fieles le veneran (Ved. Sûtra III, 4, 52) y, tal y como es, puede
guiar a los beatos y virtuosos hacia la felicidad eterna. No obstante, solo
el verdadero conocimiento puede otorgar la salvación eterna. Es decir, se
recuperó Brahmanhood y esto incluso en esta vida (mukti Givan) con la
libertad de karman (obras) y de toda la transmigración, aún más después
de la muerte; de hecho, con la libertad de la ley de la causalidad. Resulta
extraño que los seguidores de estas dos escuelas vedântistas hayan convivido
en paz y armonía durante tanto tiempo, a pesar de no coincidir en lo que
deberíamos considerar como los puntos más esenciales: filosofía y religión.
Los seguidores de Samkara no acusan a los seguidores de Râmânuga de
haber cometido un error (mithyâdarsana), sino solo de estar cegados por
la necedad o, humanamente hablando, por una inevitable Avidyâ. A pesar
de que el mundo extraordinario y las almas individuales sean consideradas
como vacías y falsas, aunque no lo sean debido a Avidyâ, como ya hemos
visto, sí son extraordinarios. Ahora bien, su realidad reside en Brahman solo
si abrimos los ojos al deshacernos de Avidyâ. Lo que es extraordinario no
es nada, pero siempre es la apariencia de aquello que es y que sigue siendo
real, tanto si lo llamamos Brahman, el âtman, lo absoluto, lo desconocido
o, en lenguaje kantiano, *das Ding an sich*. Asimismo, incluso los monistas

más estrictos han reconocido que para lograr todo propósito práctico (vya-vahâra), ha de tratarse al mundo extraordinario como real. Podría parecer que no existe (videri), a menos que su verdadera razón de ser se basase en Brahman. El único acertijo que perdura es Avidyâ o la necedad, a la que a menudo se hace alusión como mâyâ o ilusión. El mismo Samkara nunca dirá que sí es real o que no lo es. Todo lo que puede decir es que está ahí y ese es el objetivo del vêdantismo: aniquilarlo mediante vidyâ, la necedad por la ciencia, lo que por lo tanto demostraría al parecer que Avidyâ no es real.

A primera vista, esta corriente filosófica del Vedânta es, sin duda alguna, sorprendente. No obstante, una vez pasado un tiempo, uno se familiariza y le coge tanto cariño que acaba preguntándose por qué no lo deberían haber descubierto los filósofos de cualquier otro país. Parece que resuelve todas las dificultades excepto una: su propia capacidad de adaptación a cualquier otra corriente filosófica; esto es, a cualquier otra religión que no se atrinchere en sí misma tras el muro de la revelación y el milagro. El problema reside en dar con una visión natural desde la posición en la que nos encontramos, desde la que observamos los problemas filosóficos y religiosos. Antes intenté abrir una de sus puertas al preguntarme cuál es la causa de todas las cosas y llegamos a la conclusión de que dicha causa ha de ser una sola sin una segunda, ya que la presencia de una segunda limitaría y condicionaría lo que ha de ser ilimitado e incondicional. Asimismo, vimos que para poder explicar lo indudable, es decir, los continuos cambios del mundo que nos rodean, se recurría a Avidyâ o a la necedad para explicar lo que es innegable —lo variadas que son nuestras sensaciones—. Es curioso que lo que los filósofos griegos denominaban el *logoi*, los pensamientos o nombres arquetipos de todas las cosas extraordinarias, no sea considerado como la expresión de la sabiduría o *sophia* divina en el Vedânta, sino como nâma-rûpa, nombres y formas —resultado de la necedad o Avidyâ—. Sin embargo, dicha concepción que tenían los griegos, que parece totalmente opuesta a lo que predica el Vedânta, solo se analiza desde un punto de vista más alto y más bajo. nâma-rûpa —nombres y formas— y *logoi* —nombres y lo que es nombrado— expresan la misma idea. Es decir, al igual que las palabras no son más que pensamientos hechos realidad, la creación completa es el mundo o la expresión de los pensamientos eterno, ya sea Brahman o la divinidad; dicho de otra forma, que el mundo representa la idea en su progreso dialéctico desde el mero hecho de ser hasta la mayor manifestación del pensamiento. El hecho de que se pueda demostrar fácilmente que Brahman significase «palabra» hace que la coincidencia entre el Vêdanta, el neoplatonismo y la filosofía cristiana sea aún más sorprendente, aunque sería demasiado atrevido pensar en una conexión histórica entre dichas concepciones antiguas de un universo racional. Para que no se piense que he asimilado la idea hindú de la palabra, como estar con Brahman y convertirme en el origen del mundo, algo muy similar a la concepción griega del *logos*, a continuación adjunto una traducción literal de un pasaje del comentario de Samkara (pág. 96, 1). Este sostiene que Brahman es pura inteligencia y, cuando el oponente se da cuenta de que la inteligencia solo tiene razón de ser si existen objetos de inteligencia, responde: «Al igual que el Sol continuaría brillando incluso si no hubiese objetos que iluminar, Brahman sería inteligencia incluso si no hubiese objetos sobre los que ejercer dicha inteligencia. Tal objeto, sin embargo, existe incluso antes de la creación. Es decir, nâma-rûpa —los nombres y formas aún sin desarrollar—, pero la lucha por el desarrollo (avyâkrite, vyâkikîrshite), es decir, las palabras del Veda que viven en la mente del creador incluso antes de la Creation*. Una idea que podría haber escrito Platón perfectamente, ¿verdad?

ΓΝѼΘΙ ΣΕΑΥΤΟΝ (Conocerse a uno mismo)

Una vez comprendido esto, ya podemos intentar abrir otra puerta para adentrarnos en la filosofía vedântista. Esto puede ayudarnos a la hora de acercar el Vedânta a nosotros o acercarnos al Vedânta, de forma que no lo veamos simplemente como un extraño y curioso sistema, sino como una forma de pensar con la que podemos estar de acuerdo. Es decir, el que, con ciertas modificaciones, podemos apropiarnos de nuestros propios propósitos†. Uno de los mandamientos más antiguos de la filosofía griega era el famoso ΓΝѼΘΙ σεαυτόν —conócete a ti mismo—. Sobre este asunto, el filósofo hindú intervendría de inmediato para aclarar que ese también es el

---

* Véase Deussen, *Das System des Vedânta*, pp. 75, 147.

† Deussen, 1.c. pág. 258.

mayor objetivo de su propia filosofía, solo que ellos lo expresan con mayor claridad mediante Âtmânam âtmanâ pasya (véase el yo por el yo). Pero, como buenos filósofos, no dejarían nada sin responder y preguntarían inmediatamente a quién o a qué hace referencia el αὐτός o el yo. El Vedânta ha sido calificado como una escuela filosófica de la negación, que trata de alcanzar la verdad mediante la negación constante de lo que no puede ser la verdad. A menudo niega su propia condición mediante Na, na (ni esto ni lo otro). De este modo, según el Vedânta, el αὐτός o lo que somos realmente somos, el yo, sería en primer lugar el cuerpo. En el verdadero sentido de la palabra, el cuerpo no es ni tiene derecho a ser llamado ser, ya que tarde o temprano deja de ser y nada puede dejar de ser si es que existe realmente. Puesto que el cuerpo no es eterno, no es real en el mayor sentido de la realidad. Así pues, si queremos averiguar lo que verdaderamente es real, el cuerpo (deha o sthûlasarîra) no puede ser el αὐτός o el yo.

No obstante, sabemos que todo lo que conocemos nos llega a través de los cinco sentidos (la vista, el oído, el tacto, el gusto y el olfato); que no podemos ir más allá de estos; que nunca tendremos ni podremos tener más que imágenes sensoriales del mundo y de nosotros mismos; y que lo que denominamos nuestro conocimiento está constituido, en primera instancia, por dichas imágenes y no, por realidades que podemos postular. Al ser así, como subyacente a estas imágenes que nunca podemos alcanzar, salvo mediante hipótesis, ¿acaso no podríamos decir que nuestros sentidos en su conjunto son nuestra αὐτός o el yo?. En ese caso, el Vedânta nos volvería a responder negativamente. Nuestros sentidos son ciertamente maravillosos, pero solo son instrumentos de nuestro conocimiento; forman parte de nuestro cuerpo, se deterioran a medida que lo hace nuestro cuerpo y, por lo tanto, constituyen nuestro verdadero yo. A parte de los cinco sentidos a los que el hinduismo llama sentidos del conocimiento (gñânendriyas), este también reconoce otros cinco sentidos, denominados sentidos de acción (karmendriyas), o dicho de otra forma, el sentido del habla, de la comprensión, del movimiento, de la excreción y de la procreación. Esta es una idea muy peculiar de los hindúes: los antiguos cinco sentidos están destinados a actuar desde fuera hacia dentro (upalabdhi); esta última para la acción desde dentro hacia fuera (karman). Las imágenes que percibimos a través de los sentidos, de las que depende todo nuestro conocimiento, son lo que deberíamos llamar estados de la conciencia; no son nuestro ego, pero mucho menos aún nuestro yo. Vienen y van, aparecen y desaparecen, por lo que no pueden ser considerados reales o eternos. En todas estas imágenes, podemos distinguir entre el sujeto o el elemento activo y el objeto o el elemento pasivo. Los elementos pasivos u objetivos son lo que estamos acostumbrados a llamar materia, que, según los cinco sentidos mediante los que la percibimos, puede ser de cinco tipos: el éter, que corresponde al oído; la luz, que corresponde a la vista; el aire, que corresponde al tacto; el agua, que corresponde al gusto; y la tierra, que corresponde al olfato. Esto es todo a lo que podemos hacer alusión de forma legítima al hablar de los cinco elementos. Para nosotros no son más que estados de la conciencia o vigñana. Sin embargo, aunque para nosotros exista la materia elemental, que como es sabido solo puede existir en forma de conocimiento, el Vedânta no niega su existencia, independientemente de lo que pueda decir sobre su realidad. Si todos los objetos de nuestro conocimiento sensorial son la consecuencia del Avidyâ, los elementos también han de compartir dicho destino y no pueden reclamar más que una realidad extraordinaria.

Aun así, al haber pocos, si los hay, las sensaciones correspondientes a un único elemento, sin mezclarse con las demás, cada elemento es supuestamente múltiplo de cinco, lo que significa que contiene una cualidad predominantes y pequeñas porciones del resto. No obstante, este denominado pañkîkarana o múltiplo de cinco no existe en el antiguo Vedânta; pertenece al refinamiento y no siempre al progreso de una era posterior a la que debemos obras tan prestigiosas como el conocido Vedântasâra. Pero podemos encontrar una concepción diferente y mucho más primitiva de los elementos en el Upanishads, por ejemplo, el Khândogya Upanishad VI, 2. Por lo general, en la India encontramos cuatro elementos o cinco, si a estos sumamos el éter (âkâsa), como medio transmisor del sonido. Sin embargo, la concepción más primitiva de los elementos constitutivos del mundo parecería haber sido tres concepciones diferentes; es decir, lo relacionado con la tierra, el fuego y el agua. Resultaría imposible ignorar estos tres elementos y la tríada que componen aparece, de hecho, en el Khândogya. En él, a dichos elementos se les llama anna, tegas y ap, o en el orden en el que aparecen: primero tegas, que incluye el fuego, la luz y el calor; después ap, el agua; y por último anna, la tierra. Es cierto que, en otro contexto, anna significa «comida», pero aquí ha de entenderse únicamente como «tierra», como un suministro de comida. El primero aparece representado de color rojo; el segundo, de blanco; y el tercero, de negro. También aparecen representados como una mezcla de tres proporciones y, como elementos constituyentes del cuerpo humano que son, se les representa bajo tres formas de desarrollo. Así pues, la porción correspondiente a la tierra se manifiesta en las heces, la carne y el maná; la porción correspondiente al agua se manifiesta en la orina, la sangre y la vida; y la porción correspondiente al fuego, en los huesos, el tuétano y el habla. En el Upanishads se pueden hallar muchas de estas especulaciones completamente imaginarias. No obstante, no debería permitirse que esto nos prevenga contra lo que es simple, primitivo y racional en estos depositarios del pensamiento antiguo. Pero si uno se pregunta, ¿acaso pueden ser estos sentidos pasivos y activos el yo? Sobre este asunto, el Vedânta nos vuelve a dar una respuesta negativa; no son lo que buscamos, no pueden ser el αὐτός, que ha de ser real, invariable y eterno.

Si esto se aplica a los diez sentidos, se ha de aplicar con la misma fuerza a lo que en ocasiones se denomina el undécimo elemento, el maná, al que se considera material y producto del elemento correspondiente a la tierra. En cuanto a su etimología, el maná está estrechamente vinculado a *mens*, por lo que se ha traducido normalmente como «mente». Aun así, aunque pueda usarse con ese significado en el lenguaje coloquial, este término posee una acepción aún mayor en la filosofía sánscrita; *mens* hace referencia al órgano central y combinado de los sentidos de la percepción y la acción. Originariamente, este maná desempeña la función de lo que atribuimos a la atención (avadhâna): tal y como siempre se nos ha dicho, actúa como un conserje que evita que las impresiones de los distintos sentidos nos lleguen simultáneamente de forma atropellada, produciéndonos nada más que confusión. Resulta fácil demostrar que el Vedânta tampoco reconoce este sentido central. No, no. No puede ser el yo, que ha de ser permanente y real; no es más que un instrumento y, por ello, se le denomina antahkarana (el órgano interno). En este punto, podemos observar la misma confusión que existe en cualquier otra parte. Hay tal abundancia de palabras para expresar lo que sucede en nuestro interior, nuestro antahkarana (nuestra mente en sus múltiples manifestaciones), que nos avergonzamos en lugar de utilizar esta riqueza como ayuda. Lo peor de todo esto es que, al haber tantas palabras, se suponía que en un futuro cada una tendría su propio significado. Por el contrario, de no ser así, la definición escolástica pronto vendría para asignar a cada una un significado especial que se suponía que iba a tener en el futuro. Mientras tanto, la corriente de lenguas fluía con total indiferencia por dichas barreras artificiales y la confusión fue aumentando más y más con cada nueva filosofía. No resulta difícil comprender que si cada idioma, rara vez, puede darnos por sí mismo términos bien definidos para las distintas manifestaciones de nuestras facultades perceptivas y de razonamiento, la confusión se hace aún mayor cuando intentamos traducir los términos psicológicos de un idioma por los de otro. Por ejemplo, si tradujésemos âtman, como se suele hacer, por «alma», estaríamos traduciendo lo que es libre de toda pasión por una palabra que, por lo general, alude al SEAT de las pasiones. Y si tuviésemos que seguir el ejemplo de otros y traducir «maná» por «comprensión» o «verstand», deberíamos traducir lo que se entiende principalmente como facultad perceptiva por un nombre que implica razonar desde la más baja forma hasta la más alta. El verstand es en nosotros lo que diferencia a los hombres de los animales, mientras que en el Vedânta no se niega el maná a los animales. Ni siquiera a las plantas*, como podría parecer.

Por este motivo, parece mejor retener tantos términos técnicos de la filosofía sánscrita como sea posible y hablar de âtman o del yo en vez del alma, del maná o de la mente, en lugar de la comprensión o del verstand.

Veremos que, incluso en el mismo sánscrito, la confusión es muy fuerte, ya que hay más términos de los que se pueden diferenciar entre sí. Junto a los indriyas o sentidos, por ejemplo, también encontramos prânas, literalmente espíritus vitales, entre los que se incluye al maná, y como *conditio sine qua non*, pero no como uno de los indriyas, los denominados mukhya prâna —el aliento de la vida—, que pasa de los pulmones a la boca y que también se divide en cinco variedades de forma muy artificial, por no decir

* Cf. Deussen, l.c. pág. 60 seq.

de forma alocada. He ahí cuando el maná pasa a ser tratado como los sentidos, como parte del cuerpo, destinado al principio, creo, al órgano perceptivo central y supervisando. Sin embargo, tiene muchas funciones y los nombres de algunas de estas se intercambian con los nombres del propio maná. Está buddhi, el nombre general que se otorga a la percepción y a la actividad mental; kitta, el pensamiento o lo que se piensa; y vigñâna, la discriminación; algunos de los que a veces son tratados como facultades separadas. No obstante, Samkara muestra su poderosa forma de pensar al incluirlos todos dentro del maná, de forma que estos, en ocasiones, son la razón, la comprensión, la mente o el pensamiento. Esto simplifica bastante su psicología, aunque también podría inducir a algún malentendido. El maná nos proporciona las imágenes (Vorstellungen), que consisten en las contribuciones de los diferentes sentidos; nos dice que esto es esto (niskaya) y qué lo arregla (adhyavasâya). Las imágenes no pasan a ser conceptos y palabras (samkalpa); estas pueden ser cuestionadas samsaya y pesadas (vikalpa) entre sí con el fin de proporcionarnos juicios. Es en este momento cuando debemos tener en una forma aproximada los elementos de nuestra psicología, pero hay que confesar que nunca fueron minuciosamente elaboradas por los filósofos vedântistas. Incluso aquí, el significado otorgado a los diferentes términos psicológicos fue asignado de forma etimológica, más que por definiciones de Samkara. Según él, el maná nos proporciona todo: impresiones, imágenes, conceptos y opiniones. Incluso la inseguridad o ahamkâra. Es decir, la creación del ego y, por consiguiente, la distinción entre sujetos y objetos, que son el maná. En cambio, si preguntamos si el maná, el ahamkâra, el buddhi o el kitta son cualquiera de los atributos del maná (como kâma, el deseo, dhî, el miedo, hrî, la vergüenza, dhî, la sabiduría, vikikitsâ, la duda, sraddhâ, la creencia, asraddhâ, la incredulidad, dhriti, la decisión, adhriti, la indecisión) ¿son todos o alguno de estos el verdadero yo? El Vedânta vuelve a responder de forma negativa. No, no. Son temporales, vienen y van, no pueden ser lo que andamos buscando, la verdad y el yo eterno. Está claro que cuando decimos «mi cuerpo» hay dos cosas que se pueden presuponer. Una, el cuerpo y la otra, la persona a la que pertenece. Así que una vez más, cuando hablamos de «mis sentidos», «mi mente» o «mi ego», distinguimos entre un poseedor y lo que posee de momento. Sin embargo, nunca deberíamos decir «yo mismo», ya que resulta tautológico: el yo no puede pertenecer a nadie más. Si tuviésemos que decir «yo mismo», solo podríamos referirnos a nuestro ego, pero si decimos «nuestro yo», es decir, el yo de todo, o simplemente el yo, o el Brahman, Brahman escondido en nosotros y el mundo. Al llegar la muerte, los órganos del conocimiento, supuestamente, no quedan completamente destruidos, sino que, mientras hay otra vida antes que nosotros, quedan reducidos a una forma seminal o potencial y, aunque los órganos externos decaigan por sí solos, su potencia o poder perdura, que habita en lo que se llama el sûkshma-sarira (el cuerpo sutil), el cuerpo que migra desde el nacimiento hasta el nacimiento y se convierte una y otra vez en un sthula-sarira (un cuerpo material). Pero una vez obtenida la verdadera libertad, dicho sûkshma-sarîra también desaparece y es ahí donde solo permanece el âtman o Brahman tal y como fue y siempre será. La forma adoptada por el cuerpo en cada nueva existencia está determinada por actos y los pensamientos durante las pasadas existencias: todavía se encuentra, por decirlo así, bajo la ley de la casualidad.

Pero entonces, ¿qué es lo que queda para la suma, para el âtman? Los sabios griegos no tienen respuesta; para ellos, el αὐτός era rara vez más que el ego, ahamkara. En cambio, para la filosofía vedânista, está claro que el ego no es lo contrario al no ego, sino algo más allá; algo que no es fruto de la causalidad, que no es el sufrimiento, ni gozar, ni actuar, pero sin el que jamás podría existir ni el cuerpo bruto ni el cuerpo sutil. Dicho yo, el verdadero αὐτός, fue descubierto en lo más profundo del corazón, en la verdadera autoconciencia. Fue descubierto como algo no personal y, aunque residiese en lo personal o el âtman viviente, el gîva, continuó siendo un mero espectador, al que nada le afectaba, para siempre. Como he dicho con anterioridad, la filosofía del Vedânta es una filosofía de la negación; solo dice «no». Todo lo que no es el yo, pero lo que el yo es, desafía todas las palabras y todos los pensamientos. Nuestros pensamientos y palabras vuelven de su desconcierto, tal y como dice Veda. En el Upanishads había pasajes en los que se ha intentado acercaros más a una concepción del yo, independientemente de si la llamamos el Brahman o el âtman. Aun así, estos intentos nunca van más allá de una definición o ambos conceptos o de dicho poder. En el Khândogya Upanishad III, 14, podemos leer: «Está claro que el universo es Brahman. Este ha de ser venerado en silencio como el comienzo, el presente y el fin del todo. Su función es el pensamiento, dar vida a su cuerpo, iluminar su forma. Su voluntad es la verdad, es el yo infinito (éter). Hace que todo funcione, ama todo, lo huele todo, lo saborea todo, envolviendo el universo de forma silenciosa y despreocupada. Este es el yo que reside en el más recóndito de los corazones, más pequeño que una semilla de mostaza o el núcleo de esta. Este es el yo que reside en el más recóndito de los corazones, más grandioso que la Tierra, más grandioso que la atmósfera, más grandioso que el cielo, más grandioso que cualquier palabra. El que hace que todo funcione, el que todo lo ama, todo lo huele todo lo saborea y que todo envuelve de forma silenciosa y despreocupada. Este es el yo que reside en el más recóndito de los corazones. Este es Brahman. En esto me convertiré cuando me vaya de aquí. El que lo posee no tiene ninguna duda al respecto».

Este tema aparece una y otra vez. En el Taittiriya Upanishad II, 1-7, se aborda este tema desde una perspectiva muy similar a la que vimos en el Khândogya. En él se va quitado una capa tras otra hasta no quedar nada más que el yo puro. Primero se quita el cuerpo de carne y hueso; después, el aliento vital; el maná, hasta que al final queda únicamente el yo repleto de dicha. Esto es lo que se conoce como la sabia o la esencia. Dicho yo es el que trae la dicha, encontrando la paz y reposando en lo invisible, en lo inmaterial, en lo inexpresivo, en lo insondable. Por muy sabio que uno crea ser, mientras que todo lo demás no haya desaparecido, no se haya escondido, no hay paz ni descanso. O como dice Yâgñavalkya: «El que consigue comprender esto es capaz de comprenderlo todo». En el Upanishads, todo nombre ideado para expresar lo que realmente es imposible de expresar es asociado a Brahman. Brahman no es ni largo ni corto, ni sutil ni bruto; no está compuesto de partes, no tiene actividad; y del mismo modo, sin tener lugar ni hacer trampas, nunca nació ni envejecerá, nunca se ha desvanecido y nunca perecerá ni temerá a nada. No tiene nada dentro». Aunque es muy cuestionable que dicho ser pueda ser llamado «él», este no es ni «él» ni «ella», sino «ello» en el más estricto sentido de dicho pronombre sin diferenciar.

De este modo, podemos observar que ambos métodos — el primero que partía del principio sobre el que el verdadero yo ha de ser uno solo, sin un segundo; y el segundo, que sostiene que el verdadero yo ha de ser invariable, eterno, sin comienzo ni final, llega a la misma conclusión. Es decir, el yo del mundo no puede ser nada que pueda ser percibido en este mundo que tanto cambia, y que nuestro propio yo tampoco puede ser nada que ser percibido como algo cambiante, que haya nacido, que viva y que muera. Los dos pueden ser considerados «nada», en el único sentido de la palabra. Sin embargo, ambos forman parte de la realidad en comparación con todo lo demás que no es nada. Si el mundo es real, el yo no lo es. Si el yo es real, el mundo no lo es.

Conclusión final, Tat tvamasi

Entonces se llega a la conclusión final de que ambos yo son uno solo y el mismo a la vez, al que únicamente se puede acceder mediante métodos diferentes. El hombre es hombre de forma extraordinaria. El mundo es mundo de forma extraordinaria. Los dioses del mundo son dioses de forma extraordinaria. En cambio, en la verdadera realidad todos son una misma divinidad, conocida como âtman o Brahman, que ha cambiado su aspecto y se ha escondido durante un tiempo de Avidyâ o la necedad, aunque siempre se pueda recuperar mediante Vidyâ o la filosofía vedântista.

De una forma más o menos popular, dichas ideas parecen propagarse por la mentalidad hindú desde tiempos inmemoriales hasta hoy en día. Las aprenden en la escuela, pero, incluso sin escuelas, parece que las maman desde pequeños. A menudo son exageradas y caricaturizadas para que resulten repugnantes a ojos de la mentalidad europea, pero en su pureza y simpleza alberga una cantidad de verdad que ya no puede pasar por alto sin problemas ningún estudiante, ya sea de filosofía o religión. Ya no pueden ser apartadas como una simple curiosidad o eliminadas como algo místico, sin una definición de lo que se entiende por mística y sin un argumento que defienda que todo lo que se llama mística no tiene realmente nada que ver ni con la religión ni con la filosofía. Esto podría acarrear peligrosas consecuencias que nadie negaría, aunque se puede decir lo mismo de casi cualquier religión o filosofía, si se llevan hasta sus últimas consecuencias. Ya he llamado la atención sobre la falsa creencia de que si por el hecho de que las buenas acciones no pueden asegurar la salvación, las malas acciones, por lo tanto, también son indiferentes o inofensivas. Según el vedântismo, está claro que las buenas acciones no conducen directamente a la salvación, sino que representan el primer paso esencial hacia la misma. En cambio, los actos perversos constituyen una barrera que hace que el hombre no pueda ni siquiera dar el primer paso para avanzar hacia el conocimiento y la beatitud. Que un santo no pueda pecar o que *sciens non peccat* es es algo que la gente cree que es cierto, no solo de la India, aunque puede reconocerse fácilmente en qué sentido esto es verdadero falso, ya sea en la India o en casa. Las mentes de los apóstoles modernos de Râmakrishna no consiguen sorprenderme lo suficiente, pues para ellos nada sería más probable que ser menos respetuosos a los ojos de la gente que mostrar la mínima laxitud moral por su parte, o una defensa de dicha la laxitud, sustentándose en la idea de que un gñânin — un conocedor — está por encima de la moralidad. Una cosa es decir que el hombre no puede pecar porque sus pasiones están completamente sometidas y otra, que si se desviase de cualquier defecto del conocimiento, de su frialdad y perfecto estado, esto no se le podría recriminar como pecado. He de reconocer que existe una cierta incertidumbre sobre este asunto, incluso entre autoridades antiguas, aunque poco se sabe por ahora sobre escritos clásicos del Vedânta que hablen con claridad sobre el tema. Hay demasiados pasajes en los que la moralidad estricta se impone como *sine qua non* para que la libertad vedântista permita a cualquiera usar unos cuantos pasajes dudosos en defensa de la inmoralidad. Una vez hayamos aprendido todo sobre el Vedânta, podremos criticarlo o, si es posible, mejorarlo. Estudiamos los sistemas de Platón y Aristóteles, de Spinoza y Kant, no como preceptos de la verdad absoluta, sino como ayuda para alcanzar la verdad. Todos ellos contienen verdades parciales, de las que sería fácil demostrar que pueden provocar consecuencias peligrosas. A día de hoy, lo que nos es necesario más que en cualquier otro momento es un estudio histórico de toda la filosofía, sin excluir la india en su desarrollo genético o dialéctico, de forma que no nos dejemos llevar por cualquier corriente filosófica que se proclame como novedad. No obstante,

esta cuestión ya se ha debatido en innumerables ocasiones con anterioridad y puede que hasta se haya debatido mucho más a fondo de lo que lo
han hecho sus defensores más recientes. Por ello, de ahora en adelante sonará casi impensable que hoy en día el público filosófico debiese asustarse
por la idea de la evolución como novedad filosófica. Es decir, que debería
haberse producido una intrincada competición sobre quién fue realmente
el primer descubridor de lo que se ha discutido una y otra vez durante los
últimos dos mil años. ¿Qué es parinâma, si no, evolución? La evolución
de la que es partidario Râmânuga que rechaza Samkara. Quién negaría
que la ilustración de dicho proceso evolutivo del mundo, como el de hoy
en día, tuviera que mantenerse por encima de cualquier cosa que fuese
intentada desde Râmânuga hasta Herder. En cambio, para el estudioso
de la historia de la filosofía, la idea es una cosa y su respectiva ilustración
otra completamente distinta. Resulta muy injusto representar a un hombre
como Darwin, que fue el observador de la naturaleza más evidente, como
filósofo, como un filósofo abstracto; algo que hasta él mismo desaprobaría
con rotundidad.

Hoy en día, sin embargo, lo que me preocupa no es la filosofía india, *pure
et simple*, sino los efectos que esta pueda tener en la mentalidad del país, tal
y como muestra uno de sus más recientes representantes, Râmakrishna. Él
mismo es muy claro a la hora de diferenciar entre filosofía o gñâna (conocimiento) y devoción o bhakti, aparte de haber sido un bhakta, un fiel* o
amante de la deidad, mucho más que un gñânim o un conocedor. Así pues,
pensé que sería útil añadir un pequeño esbozo de la forma de pensar vedântista, con el fin de mostrar el trasfondo del que proviene Râmakrishna
y las luces y sombras del entorno por el que se movía. Râmakrishna nunca
fue un pensador original ni el descubridor de una nueva idea ni alguien
que expusiese una nueva visión del mundo. Sin embargo, previó muchas

---

* 1. Esta diferencia entre bhakti, devoción, y gñâna, conocimiento es analizada en
profundidad por Kishori Lal Sarkar en su interesante obra El sistema hindú de
la ciencia religiosa y el arte o las reveacioes del racionalismo y el emocionalismo.
Según este, «gñâna ve a través de un telescopio, mientras que bhakti lo hace con un
ojo microscópico. Gñâna percibe la esencia, mientras que bhakti siente la dulcura.
Gñâna descubre la inteligencia suprema, mientras que bhakti da respuesta a la voluntad suprema de amar».

cosas que otros no vieron venir, reconoció la presencia divina en el lugar más inesperado, era un poeta, un entusiasta o, si lo preferís, un soñador de sueños. Pero tales sueños también tienen derecho a existir y reclaman nuestra atención y simpatía. Râmakrishna nunca compuso un tratado filosófico. Solo se dedicó a predicar pequeñas enseñanzas y la gente acudió a escucharle, tanto si el orador se encontraba en ese momento en pleno uso de sus facultades, en un sueño o en un trance. De todo lo que podemos aprender, resulta evidente que había logrado, gracias a un poderoso control de su aliento y a largos y repetidos ejercicios ascéticos, llegar a tal estado de excitación nerviosa que era capaz de perder el conocimiento o caer en un profundo trance; el denominado samâdhi. No obstante, este samâdhi podía ser analizado desde dos puntos de vista, ya fuese como algo puramente físico o como físico. Uno puede recuperarse de un samâdhi corriente, al igual que uno se recupera tras haberse desmayado, pero el verdadero samâdhi consiste en perderse a uno mismo o encontrarse completamente en el espíritu supremo. No hay vuelta atrás desde este samâdhi, ya que no queda nada que pueda regresar. Tan solo unos pocos hombres que lo hayan alcanzado son capaces de regresar utilizando lo poco que queda de su ego y mediante la eficacia de su deseo por convertirse en los instructores y salvadores de la raza humana. Algo muy semejante al samâdhi es el estado de profundo letargo sin sueños, durante el que se supone que el alma ha de estar con Brahman durante un tiempo, pero siendo capaz de regresar. Este profundo e inconsciente letargo es uno de los cuatro estados: despertarse, dormir soñando, dormir sin soñar y morir. Lo que solía ocurrir en el caso de Râmakrishna es que, cuando se había sumido en aquel profundo sueño, permanecía en dicho estado durante tanto tiempo que sus amigos temían que no volviese a recobrar la conciencia; y eso fue lo que ocurrió cuando murió. Había entrado en un trance y nunca se volvió a despertar, a pesar incluso de que solo la muerte podría retener su cuerpo y su aliento. Su yo, que dejó de ser suyo, había recuperado su Brahman; había vuelto a ser lo que siempre fue y siempre será, el âtman, el mayor de los yo en todo su esplendor, libre de las apariencias e independiente de la individualidad, personalidad y de todo el mundo extraordinario.

LAS ENSEÑANZAS DE RÂMAKRISHNA

Las Enseñanzas de Râmakrishna

1. Muchas son las estrellas que ves en el firmamento, pero al amanecer no las encuentras. Pero entonces, ¿acaso no puedes decir que no hay estrellas de día en el cielo? Por lo tanto, oh, hombre, no puedes decir que no exista dios alguno por simplemente porque no vieses al Todopoderoso en los días de la ignorancia.

2. Como un mismo y único material, en otras palabras, el agua, esta recibe diferentes nombres de personas distintas —unos dicen «agua»; otros, «vâri»; o también, «aqua» o «pani»—. Así pues, Sat-kit-ânanda, la inteligencia y felicidad eternas, se ve involucrada por otros como Dios, como Allah, como Hari o por otros como Brahman.

3. Dos personas mantenían una acalorada disputa sobre el color de un camaleón:

—Ese camaleón que hay en aquella palmera es de un precioso color rojo —decía una.

—Te equivocas —le contradijo la otra—, ese camaleón es azul, no rojo.

Al ser incapaces de ponerse de acuerdo utilizando argumentos, ambas acudieron a la persona que siempre vivió bajo aquella palmera y que había observado cómo había cambiado de color el camaleón.

—Señor, ¿acaso el camaleón que hay en aquella palmera no es de color rojo? —dijo uno de ellos.

—Sí, señor —le respondió este.

—¿Pero qué dices? —le espetó su contrincante.

—¿Cómo es? No es rojo. Es azul.

—Sí, señor —volvió a responder humildemente aquella persona.

La persona sabía que el camaleón es un animal que cambia de color constantemente. Por eso dijo «sí» a ambos contrincantes. El Sat-kit-ânanda posee, al mismo tiempo, varias formas. El devoto que solo ha visto a Dios en un aspecto solo lo conoce en ese aspecto. Pero el que Lo ha visto en todas Sus múltiples formas es el único en poder decir que «todas estas formas son de un Dios, para Dios es multiforme. Este posee formas y no, al mismo tiempo, y nadie sabe que muchas son Sus formas».

4. Muchos son los nombres de Dios e infinitas, las formas que nos pueden conducir a Él. Sea cual sea el nombre o la forma, deseas llamarLe de aquella forma con la que seas capaz de verLe.

5. Cuatro hombres ciegos fueron a ver a un elefante. Uno tocó la pata del elefante y dijo: «el elefante es como un pilar». El segundo tocó su trompa y dijo: «el elefante es como un gran mazo o porra». El tercero tocó su vientre y dijo: «el elefante es como un gran tarro». El cuarto tocó sus orejas y dijo: «el elefante es como una cesta de mimbre». Y así pues comenzaron a discutir entre ellos sobre la figura del elefante. — ¿Qué es eso por lo que os peleáis? — preguntó un hombre que pasaba por ahí al verlos discutir. Le contaron todo y le pidieron que arbitrase la discusión. — Ninguno de vosotros ha visto el elefante — dijo el hombre-. El elefante no es como un pilar; sus patas son como pilares. No es como una gran jarra de agua; su vientre es como una jarra de agua. No es como una cesta de mimbre; sus orejeas son como cestas de mimbre. No es como un gran mazo o porra; su trompa es así. El elefante es la combinación de todo esto. Y así es cómo discuten los que solo conocen una cara de Dios.

6. Existe una madre divinidad adorada en diferentes regiones y eras, bajo diferentes nombres y forma, del mismo modo que con el azúcar se hacen figuras de pájaros y bestias. Diferentes son los credos y diferentes son los caminos hacia el Todopoderoso.

7. Del mismo modo que se pueden fabricar varios ornamentos utilizando el mismo oro, aunque tengan formas y nombres distintos, a un dios se le venera en países y eras diferentes, y posee formas y nombres diferentes. A pesar de que pueda ser venerado de multitud de formas (algunos le llaman Padre; otros, Madre; etc.), sigue siendo un solo dios que está siendo

adorado de acuerdo con todas estas relaciones y modelos.

8. Pregunta. Si el dios de toda religión es el mismo, ¿por qué se le representa de forma diferente en cada religión? A. Dios es uno, pero Sus aspectos son diferentes: al igual que el dueño de la casa es el padre de alguien y el hermano de otra persona y marido de un tercero; estas personas le llaman con estos diferentes nombres, del mismo modo que se suele llamar y describir a Dios de varias formas, según el aspecto con el que se le aparezca a Su fiel.

9. En un taller de alfarería hay vasijas de distintas formas y tamaños —botes, jarras, platos, etc.—, pero todos están hechos con la misma arcilla. Así pues, Dios es uno, pero se le venera en diferetes épocas y regiones con diferentes nombres y formas.

10. Dios es uno, pero tiene muchas caras. Dependiendo de cómo se prepare, un mismo pescado puede tener un sabor diferente, del mismo modo que los devotos adoran a Dios (en Sus diferentes aspectos).

11. El hombre es como una funda de almohada. Una puede ser roja; otra, azul; otra, negra; pero todas están hechas de algodón. Esto mismo sucede con el hombre: uno puede ser guapo; otro, negro; otro, un santo; y el cuarto, malvado; pero Dios habita en todos ellos.

12. Nârâyana vigila todas las aguas, pero podemos beber todo tipo de aguas. De forma similar, aunque es cierto que el Todopoderoso reside en todas partes, el hombre no puede visitar cualquier lugar. Al igual que utilizamos un tipo de agua para lavarnos los pies, otro puede servir para la ablución, y otros pueden utilizare para beber, y de nuevo, otros pueden no poder ser tocados en absoluto. De este mismo modo, existen distintos tipos de lugares. Podemos acercarnos a algunos, podemos entrar en el interior de otros y hay otros que es mejor evitar, incluso a distancia.

13. Es cierto que Dios habita incluso en los tigres, pero no debemos en-

frentarnos a estos animales. Así pues, es cierto que Dios reside en las criaturas más malvadas, pero no es apropiado relacionarlas con Dios.

14. La manifestación de la divinidad ha de entenderse como algo con más presencia en aquellos que son venerados, respetados y obedecidos por una gran multitud, que en aquellos que no han llegado a ser tan influyentes.

15. El maestro dijo: «Dios es todo lo que existe». Su discípulo lo interpretó literalmente, pero no comprendió el verdadero significado de aquellas palabras. Un día, se encontró a un elefante al pasar por una calle. El jinete (mâhut) gritó desde lo alto de su silla de montar: «¡apártate, apártate!». Y entonces el discípulo se preguntó: «¿por qué he de apartarme? Yo soy Dios y también, el elefante. ¿Por qué Dios ha de tener miedo de Sí mismo?». Así pues, el discípulo no se apartó. Al final, el elefante le agarró con la trompa y lo echó a un lado. El discípulo quedó gravemente herido y al volver a ver a su maestro le contó todo lo sucedido. El maestro le dijo: «de acuerdo, eres Dios. El elefante también es Dios, pero Dios, bajo la forma del jinete, también te estaba advirtiendo desde arriba. ¿Por qué no le hiciste caso?».

18. Dios, Sus sagradas escrituras (el Bhâgavata) y Sus fieles han de ser considerados uno solo; es decir, en una única y misma luz.

17. Todo ser es Nârâyana. Hombre o animal, sabio o bribón; Nârâyana es todo el universo, el Espíritu Supremo.

18. Mucha gente a penas ha visto u oído hablar de la nieve. Esto mismo ocurre con todos aquellos sacerdotes que solo han leído en libros los atributos de Dios y que, sin embargo, no han comulgado con ellos en sus vidas. Y al igual que tantos otros que pueden haber visto, pero no probado, también son muchos los profesores religiosos que solo han conseguido ver un poco de la Gloria Divina, aunque no hayan comprendido su verdadera esencia. Solo aquel que haya probado la nieve puede decir cómo es. Solo aquel que ha gozado de la sociedad de Dios de forma diferente—como sirviente, amigo, amante o absorbido por Él—conoce cuáles son los atributos de Dios.

19. Al igual que una lámpara no puede arder sin aceite, el hombre no puede vivir sin Dios.

20. El cuerpo humano es como un caldero hirviendo y la mente y los sentidos son como agua, arroz, patatas o lo que sea que haya en él. Coloca el caldero con sus ingredientes en el fuego; estará tan caliente que te quemarás inmediatamente el dedo al tocarlo. Sin embargo, el calor no pertenece ni al caldero ni a ninguno de los ingredientes que contiene, sino que pertenece al fuego. Así pues, el fuego de Brahman es el responsable de que la mente humana y los sentidos funcionen y, cuando el fuego deja de actuar, los sentidos y los órganos también lo hacen.

21. Dios dice: «yo soy la serpiente que muerde y el curandero que sana; yo soy el juez que condena y el ejecutor azota».

22. Dios es el que le dice al ladrón que vaya a robar y, al mismo tiempo, el que avisa al propietario de la casa.

23. ¿Cómo reside el Señor en el cuerpo? Reside en el cuerpo como una inyección, por ejemplo, en el cuerpo y fuera de él.

24. El Señor puede pasar un elefante por el ojo de una aguja. Puede hacer lo que le plazca.

25. Al igual que no se ve desde el exterior a los peces que juegan en un estanque bajo los juncos y las plantas, Dios juega en el corazón del hombre sin ser visto, gracias a Mâyâ.

26. Había un hombre sentado a la sombra del Kalpa-vriksha (el árbol de los deseos) que deseaba ser rey e inmediatamente lo fue. Justo después deseó tener una encantadora damisela y esta apareció inmediatamente junto a él. En ese momento, el hombre pensó para sus adentros que si viniese un tigre y lo devorase, ¡ay! Estaría en sus fauces al instante. Dios es como ese árbol de los deseos: quien quiera que, en Su presencia, piense que es

pobre y un indigente, continuará siéndolo. En cambio, aquel que piense y crea que el Señor cumple todos sus deseos, recibirá de todo.

27. El latifundista puede ser muy rico, pero si un agricultor pobre le hace un regalo humilde con toda su buena voluntad, el latifundista lo acepta con el mayor placer y satisfacción.

28. Cuando se toca la campana, se pueden distinguir entre sí los repetidos sonidos de ding dong, pero cuando al dejar de hacerla sonar, solo se puede oír un sonido indistinguible. No es difícil distinguir una nota de otra, como si cada una tuviese una forma concreta; pero el sonido constante que se escucha cuando cesa el ding dong es indistinguible, como si no tuviese forma. Dios tiene forma y no, como el sonido de la campana.

29. Al igual que un niño comienza a aprender a escribir al dibujar grandes garabatos, antes de controle la mano pequeña, tenemos que aprender a concentrar nuestra mente, fijándola primero en las formas. Después, cuando lo hayamos logrado, podremos fijar nuestra concentración en lo que no tiene forma.

30. Al igual que un tirador aprende a disparar apuntando al principio a grandes objetos y que, cuanto más acostumbrado está, más fácil le resulta apuntar a blancos más pequeños; resulta más fácil fijar la mente en imágenes sin forma cuando ya ha sido entrenada para concentrarse en imágenes con forma.

31. Dios es el Brahman Absoluto y Eterno, así como el Paddre del Universo. El indivisible Brahman es como un inmeso océano sin costas, límites y fronteras, en el que solo puedo mantenerme a flote o hundirme. Sin embargo, cuando me aproximo a la siempre deportiva (activa) y personal Deidad (Hari), alcanzo la paz, como el hombre que se hunde cerca de la costa.

32. Dios tiene y no tiene forma y Es lo que transciende tanto a la forma

como a lo que no la tiene. Solo él puede decir lo que Es.

33. En un momento dado en su camino de la dovoción, el fiel haya la satisfacción en Dios con forma y, a otro nivel, en Dios sin ella.

34. El Dios con forma es visible. Es decir, podemos tocarLo cara a cara, como si se trataste de nuestro mejor amigo.

35. Al igual que puedo estar vestido o desnudo, Brahman puede o no tener atributos.

38. Al igual que cuando el agua se congela se convierte en hielo, la forma visible del Todopoderoso es la manifestación materializada del omnipresente Brahman sin forma. De hecho, podría llamarse Sat-kit-ânanda solidificado. Al igual que el hielo, que es parte del agua, flota en el agua durante un rato antes de derretirse, el Dios Personal es parte de lo Impersonal. Surge de lo Impersonal, ahí permanece durante un rato y, finalmente, se vuelve a sumergir para luego desaparecer.

37. Su nombre es Inteligencia. Su morada también es la Inteligencia y Él, el Señor, es la Inteligencia en Sí misma.

38. Dos son los momentos en los que el Señor sonríe. Primero, cuando los hermanos se liberan de las cadenas que reparten la propiedad de la familia, diciendo «esto es mío y eso es tuyo»; y en segundo lugar, cuando la paciencia está al borde de la muerte y el médico dice: «le curaré».

39. En ocasiones, los locos, los borrachos y los niños revelan la verdad de forma inconsciente, como por inspiración divina.

40. El sol es muchas veces mayor que la Tierra, aunque, debido a la gran distancia, parece un pequeño disco. Del mismo modo, el Señor es infinitamente grandioso, pero no llegamos a comprender Su verdadera grandeza, ya que estamos bastante lejos de Él.

41. A sabiendas o no, consciente o inconsciente, sea cual sea el estado en el que pronunciemos Su nombre, adquirimos el mérito de pronunciarlo. Un hombre que de forma voluntaria se mete en un río y se baña en él obtiene beneficios; lo mismo sucede a aquel que es empujado por otro al río o a aquel al que, mientras duerme profundamente, le echan agua por encima.

42. Satanás nunca entre en la casa en la que se cantan las alabanzas de Hari.

43. Un rey que había cometido el delito mortal de asesina a Brâhmana acudió a la ermita de un sabio para saber qué penitencia había de acatar con el fin de librarse de su pecado. El sabio no estaba en casa, pero su hijo sí. El hijo, tras escuchar su caso, le dijo al rey: «repite el nombre de Dios (Râma) tres veces y quedarás absuelto de tu pecado». Cuando el sabio volvió y escuchó la penitencia que su hijo había formulado, le espetó con furia: «los pecados cometidos en un gran número de nacimientos pueden ser perdonados inmediatamente si se pronuncia el nombre del Todopoderoso; cuán débil ha de ser tu fe, oh, hijo, para que le hayas ordenado repetir ese nombre tres veces. Debido a esta tu ofensa, márchate y conviértete en un Kândâla». Y así, el hijo se convirtió en el Guhala Kândâla del Râmâyana.

44. Consciente o inconscientemente, sea cual sea la forma en la que uno caiga en el abrevadero del néctar, uno se vuelve inmortal. De forma similar, quien quiera que pronuncie el nombre de Dios, ya sea de forma voluntaria o involuntariamente, acaba encontrando la inmortalidad.

45. Al igual que un gran y poderoso barco se mueve velozmente sobre las aguas, remolcando balsas y barcazas a su paso, cuando un Salvador desciende, Este moviliza con facilidad a miles de personas a través del océano de Mâyâ (la ilusión).

46. Cuando llegan las inundaciones, los ríos y los riachuelos se desbordan, anegando la superficie de sus inmediaciones. Pero el agua de la lluvia se va por las acequias. Cuando se personifica, salva a todos mediante Su gracia. Los Siddhas (los perfectos) solo se salvan a sí mismos con mucho

dolor y penitencia.

47. Cuando una poderosa balsa de madera flota río abajo, puede transportar a un centenar de hombres que, aun así, no se hundirá. Una caña flotando puede hundirse incluso con el peso de un cuervo. Así pues, cuando
un Salvador se personifica, innumerables son los hombres que encuentran
la salvación, encontrando refugio en Él. El Siddha únicamente le salva con
muchas dificultades y esfuerzo.

48. El motor locomotor alcanza la propia dirección y también dibuja y
trae consigo una larga cola de vagones cargados. De esta misma forma actúan los Salvadores. Movilizan a grandes masas de hombres, que cargan
con el gran peso de cuidados y las tristezas del mundo, ante los pies del
Todopoderoso.

48. Cuando Bhagavân Srî Râmakandra llegó a este mundo, tan solo hubo
siete sabios que fueron capaces de reconocer que era la encarnación de Dios.
Así pues, cuando Dios desciende al mundo, muy pocos logran reconocer
Su naturaleza Divina.

50. En el árbol de Sat-kit-ânanda hay innumerables Râmas, Krishnas,
Christs, etc. Uno o dos de ellos bajan a este mundo de vez en cuando y
producen grandes cambios y revoluciones.

51. El Avatâra o Salvador es el mensajero de Dios. Es como el Virrey de
un poderoso monarca. En cuanto se producen disturbios en una provincia
lejana, el rey envía a su virrey para apaciguar la situación, del mismo modo
que, en cualquier momento en el que se produce una advertencia religiosa
en cualquier parte del mundo, Dios envía a Su Avatâra.

52. Se trata del mismo y único Avatâra que, tras haberse sumergido en el
océano de la vida, reaparece en otro lugar con el nombre Krishna y se vuelve
a sumergir, para volver a aparecer en otro luegar con el nombre de Cristo.

53. En algunas estaciones, solo se puede obtener el agua de las grandes profundidades de los pozos con gran dificultad, pero cuando el país se inunda en época de lluvias, el agua se obtiene con facilidad en todas partes. Con esta misma normalidad, los fieles llegan a Dios mediante la experimentación de un gran dolor y penitencia, pero cuando la inundación de la Encarnación desciende, Dios aparece en cualquier lugar y en todas partes.

54. Un Siddha-purusha (un perfecto) es como un arqueólogo que desempolva y abre un viejo pozo que había permanecido sellado durante cientos de años de abandono. El Avatâra, por el contrario, es como un gran ingeniero que excava un nuevo pozo donde antes no había agua. Los grandes hombres pueden otorgar la salvación solo a aquellos que tienen ocultas en sí mismos las aguas de la piedad y la bondad. Sin embargo, el Salvador también salva a aquel cuyo corazón está desprovisto de todo tipo de amor y que está seco como un desierto.

55. No pienses que Râma, Sitâ, Srî Krishna, Râdhâ, Arguna, etc., no fueron personajes históricos, sino meras alegorías o que las Escrituras solo poseen un significado interno y esotérico. Es decir, que fueron seres humanos de carne y hueso como tú, pero al ser Divinidades, sus vidas puede interpretarse tanto de manera histórica como espiritual.

56. Ninguno conoce la inmensidad del sacrificio que hace Dios al personificarse o al adoptar una forma humana.

57. Los Salvadores son para Brahman lo que las olas son para el océano.

58. ¿Cuál es el estado que espera lograr Siddha? (Tanto a un hombre perfecto como a un plato bien cocinado se le llama siddha. He aquí un juego de palabaras). Del mismo modo que cuando se hierve adecuadamente la patata, la berenjena, etc. (siddha) se vuelve suave y tierna, cuando un hombre alcanza la perfección (Siddha) se vuelve todo humildad y ternura.

59. Cinco son los tipos de Siddhas que se pueden encontrar en este mundo :

1. Los Siddhas Svapna son aquellos que pretenden lograr la perfección por medio de la inspiracion de los sueños.
2. Los Siddhas Mantra son aquellos que pretenden lograr la perfección por medio de cualquier mantra sagrado.
3. Los Siddhas Hathat son los que de repente logran la perfección. Del mismo modo que un hombre puede hacerse inmediatamente rico al encontrar un tesoro oculto o al casarse con alguien perteneciente a una familia adinerada, muchos pecadores son absueltos inmediatamente de sus pecados y entrar en el Reino de los Cielos.

4. Los Siddhas Kripâ son aquellos que pretenden lograr la perfección mediante la gracia tangible del Todopoderoso, del mismo modo que un hombre pobre se vuelve rico gracias a la gentileza de un rey.

5. Los Siddhas Nitya son aquellos que siempre son perfectos. Al igual que una calabaza o su planta da primero su fruto y después, su flor, por lo que la siempre perfecto nace como un Siddha, y todos sus aparentes esfuerzos después de la perfección no son meramente por el bien de establecer ejemplos para la humanidad.

60. Existe una legendaria especie de pájaros llamados «Homâ», que viven tan arriba en el cielo y que aman tanto aquellas regiones, que nunca se dignan a bajar. Incluso se dice de sus huevos que, cuando los ponen en el cielo comienzan a caer atraídos por la gravedad, y los incuban en medio de la caída, dando a luz a sus polluelos. Estos novatos en seguida se percatan de que está cayendo, así que echan a volar inmediatamente hacia su hogar, movidos por su instinto. Hombres como Suka Deva, Nârada, Jesús, Samkarâkârya y otros muchos son como esos pájaros; incluso durante su niñez, se desprenden de todas las ataduras que los unen a las cosas de este mundo y se encaminan hacia las regiones más altas del verdadero Conocimiento y de la Luz Divina. A estos hombres se les llama Nitya Siddhas.

61. Los sabios Divinos forman, como antaño era, el círculo interno de

los parientes más cercanos de Dios. Son como amigos, compañeros, familiares de Dios. Los seres ordinarios conforman el círculo externo o son criaturas de Dios.

62. Cuando se perfora la cáscara de un coco normal y corriente, el clavo también penetra en el núcleo. Pero en el caso del coco seco, el clavo se separa de la cáscara, de forma que cuando se perfora la cáscara no se toca el clavo. Jesús era como el coco seco, es decir, Su alma interna estaba separada de Su cáscara física y, por consiguiente, el sufrimiento del cuerpo no Le afectaba.

63. Hubo una vez en la que un hombre santo se tropezó con el pie de una persona malvada al pasar por una calle muy abarrotada. El hombre malvado golpeó al Sâdhu con toda su furia sin mostrar piedad alguna, hasta que se desplomó en el suelo tras perder el conocimiento. Sus discípulos se apresuraron y tomaron varias medidas para conseguir que recuperase el conocimiento y, cuando vieron que se había recuperado un poco, uno de ellos le preguntó: señor, ¿reconoce a la persona que le está atendiendo? Y el Sâdhu respondió: «el que me golpeó». Un verdadero Sâdhu no distingue entre amigo y enemigo.

64. El cisne puede separar la leche del agua; solo bebe la leche sin tocar el agua. Otras aves no pueden hacer lo mismo. De forma similar, Dios está íntimamente mezclado con Mâyâ; los hombres normales no pueden verle si no es junto a Mâyâ. Solo la Paramahamsa (el gran alma)—he aquí un juego de palabras con «hamsa», que significa tanto el alma como el cisne—se deshace de Mâyâ para quedarse solo con Dios.

65. El viento transporta el olor de la madera de sándalo, así como el de los excrementos, pero no se mezcla con cualquiera. De forma similar, un hombre perfecto vive en el mundo, pero sin mezclarse.

66. Un hombre perfecto es como una flor de loto en el agua o como un pez de barro americano en una ciénaga. Ninguno de los dos se ve contaminado por el elemento en el que vive.

67. Del mismo modo que el agua fluye bajo el puente sin estancarse, el dinero pasa por las manos de «Los Libres» que nunca se lo quedan.

68. Del mismo modo que una cuerda quemada mantiene su forma intacta, aunque se haya convertido en cenizas, esta ya no puede atar nada. De forma similar, el hombre que se emancipa mantiene conserva la forma de su egoismo, pero no una idea de vanidad (Ahamkâra).

69. Del mismo modo que un ave acuática, como el pelícano, se sumerge en el agua sin que se moje su plumaje, el hombre perfecto vive en el mundo, pero el mundo no lo toca.

70. Cuando la cabeza de una cabre sobresale de su cuerpo, el tronco se mueve durante un tiempo, mostrando todavía signos de vida. Del mismo modo, aunque el Ahamkâra (la vanidad o el egoísmo) es decapitado en el hombre perfecto, no queda suficiente vitalidad para hacer que un hombre conserve las funciones de la vida física; pero todo eso no es suficiente para atarlo de nuevo al mundo.

71. Los ornamentos no pueden estar hechos de oro puro. Se tiene que mezclar con algunas aleaciones. Un hombre completamente desprovisto de Mâyâ no sobrevivirá más de veintiún días. Mientras el hombre tenga cuerpo, tiene que tener algo de Mâyâ, por poco que sea, para poder mantenerl el cuerpo en funcionamiento.

72. En el juego del escondite, si el jugador consigue alguna vez tocar al que no está jugando, llamado la gran dama (Boorî), ya no puede ser un ladrón. De forma similar, con haber visto tan solo una vez al Todopoderoso, un hombre deja de estar encadenado al mundo. Al tocar al Boorî, el chico es libre de ir a cualquier lugar al que quiera ir, sin ser perseguido y nadie puede hacerle un ladrón. De forma similar, en el tablero de juego de este mundo, no se teme al que ha tocado una vez los pies del Todopoderoso.

73. Una vez que la piedra filosofal convierte el hierro en oro, se puede en-

terrar o tirar a la basura, pero siempre sigue siendo oro y nunca más volverá a su forma original. Algo parecido sucede con aquel que haya tocado una vez los pies del Todopoderoso. Tanto si reside en el bullicio del mundo como si reside en la soledad de los bosques, nada le podrá contaminar.

74. La espada de acero se vuelve de oro al entrar en contacto con la piedra filosofal y, aunque mantiene su nueva forma, deja de ser capaz de herir a nadie. De forma similar, la forma externa de un hombre que haya tocado los pies del Todopoderoso no se puede cambiar, pero nunca podrá causar ningún mal.

75. La roca imán bajo el mar que atrae al barco que navegan sobre ella, saca todos sus clavos de hierro, separa sus tablas y lo hunde en las profundidades. Del mismo modo, el magnetismo de la Conciencia Universal atrae al alma humana, destruye inmediatamente toda su individualidad y egoísmo y se sumerge en el océano del amor infinito de Dios.

76. Cuando el agua y la leche entran en contacto, se mezclan sin lugar a dudas, de forma que la leche nunca más se pueda separar. Así pues, si el neófito, sediento tras su superación personal, se mezcla de forma indiscriminada con todo tipo de hombres superficiales, no solo pierde sus ideales, sino que su antigua fe, amor y entusiasmo mueren también de forma impredecible. En cambio, al convertir leche en mantequilla, esta deja de mezclarse con el agua, ya que se queda flotando sobre esta. De forma similar, una vez el alma alcanza la divinidad, puede vivir con cualquier compañía, sin que nunca se vea afectada por sus malvadas influencias.

77. Mientras que no dé a luz a un hijo, la mujer recién casada queda profundamente absorbida por sus tareas domésticas. No obstante, en cuanto tiene un hijo, abandona toda preocupación relacionada con sus tareas domésticas y nunca más encuentra placer en ellas. Al contrario, acaricia al recién nacido durante todo el santo día y le da besos con gran alegría. Del mismo modo, en su estado de ignorancia, el hombre realiza todo tipo de actos materiales. Sin embargo, en cuanto ve al Todopoderoso, pierde el in-

terés en estos. En cambio, su felicidad ahora solo consiste en servir a Dios y realizar Sus actos solo.

78. En cuanto un hombre se aleja del mercado, solo alcanza a escuchar un pitido estridente y distorsionado, algo como «¡ho, ho!». Pero cuando entra en el mercado, ya no escucha ese estruendo, sino que percibe indistintamente que alguien está regateando para llevarse unas cuantas patatas; otro, para llevarse unas cuantas berenjenas; etc. Mientras un hombre permanezca alejado de Dios, está en medio del ruido y la confusión de la razón, el argumento y el debate; pero una vez que una persona se acerca al Todopoderoso, todos los razonamientos, argumentos y discusiones cesan, y entiende los misterios de Dios con una clara y vívida percepción.

79. Mientras un hombre grite en alto «¡allah, ho! ¡Allah ho!» (¡Oh, Dios, oh, Dios!), asegúrate de que haya encontrado a Dios, ya que el que lo encuentra se queda petrificado.

80. Mientras una abeja no esté entre los pétalos de una flor de loto y no haya probado el sabor de su néctar, revoloteará alrededor de la flor, emitiendo un zumbido; sin embargo, cuano está dentro de la flor, se bebe el néctar silenciosamente. Mientras un hombre discuta y se pelee por doctrinas y dogmas, no habrá saboreado el néctar de la verdadera fe; en cambio, una vez lo prueba, se queda petrificado.

81. Los niños pequeños juegan con muñecas en una habitación separada tranquilamente, pero en cuanto su madre llega, dejan las muñecas y corren hacia ella gritando «¡mamá, mamá!». Ahora tú también estás jugando en este mundo consumido por las muñecas del dinero, del honor, de la fama y no tienes miedo o ansiedad. Pero si alguna vez ves a la Divinidad entrar, nunca más hallarás placer en el dinero, el honor o la fama. Apartarás todo esto para ir corriendo hacia Ella.

82. Totâpuri, el sabio Desnudo, solía decir: «si no se frota una olla de latón diariamente, se acabará oxidando. Así pues, si un hombre no contempla

diariamente a Dios, su corazón se irá volviendo cada vez más impuro». Y Srî Râmakrishna le respondió: «sí, pero no requeriría una limpieza diaria si la vasija fuese de Dios. El hombre que ha alcanzado a Dios ya no necesita más oradores o penitencias».

83. Aquel haya probado los dulces más deliciosos y refinados no hallará placer en la melaza cruda; aquel que haya dormido en un palacio no hallará comodidad al dormir en un tugurio. Del mismo modo, el alma que haya probado el dulzor de la Dicha Divina no hallará deleite alguno en los innobles placeres del mundo.

84. Aquella que tiene a un rey por amante no aceptará las reverencias de un mendigo callejero. Del mismo modo, el alma que una vez encontrase el favor a ojos del Señor, no quiere las cosas ínfimas de este mundo.

85. Cuando un hombre está en las llanuras, observa la humilde hierba y el poderoso pino y exclama: «¡cuán alto es el árbol y cuán baja está la hierba!». Pero cuando asciende a la montaña y contempla la llanura desde la cima, el poderoso pino y la hierba humilde se vuelven irreconocibles en una gran masa de verdor. Así pues, a los ojos de los hombres mundanos, existen diferencias de rango y posición, pero desde el punto de vista de Dios no hay ninguna diferencia entre alto y bajo.

86. Cuando se vierte agua en un recipiente, se puede escuchar el sonido de las burbujas, pero cuando el recipiente está lleno, no se escucha nada. De forma similar, el hombre que no ha dado con Dios está lleno de disputas inútiles. En cambio, al encontrarle todas las vanidades desaparecen y comienza a gozar en silencio de la Dicha Divina.

87. Es normal que una mujer se muestre tímida a la hora hablar tanto tiempo con su marido día tras día, excepto cuando lo hace con sus amigos. De forma similar, a un devoto no le gusta relacionarse con cualquiera, salvo con un verdadero Bhakta (devoto), con el que puede hablar de las alegrías que le produce el éxtasis que experimenta en su comunión divina. Es más,

a veces se impacienta por contarle sus vivencias incluso a sus semejantes.

88. Una vez que la polilla vez la luz, jamás regresa a la oscuridad; la hormiga muere en un montoncito de azúcar del que no vuelve jamás. De forma similar, un buen devoto sacrifica alegremente su vida por su dios, renunciando a la misma.

89. ¿Por qué le gusta tanto al fiel dirigirse a Dios como Madre? Porque el niño es más libre con su madre y, por consiguiente, esta se preocupa más por su hijo que cualquier otra persona.

90. Al igual que el hombre que fuma hachís, al beato no le gusta cantar las alabanzas del Todopoderoso estando solo. (Al hombre que fuma hachís no le gusta fumar solo).

91. Si un animal ajeno entra en un rebaño de vacas, acaba siendo apartado mediante los repetidos ataques de las vacas. Sin embargo, si es otra vaca la que se une al rebaño, acabará fraternizando con las demás al lamerse mutuamente. Del mismo modo, cuando un devoto conoce a otro devoto, ambos sienten una gran alegría y no quieren separarse, pero cuando alguien que se burla de ellos entra en el círculo, acaban esquivándolo con cuidado.

92. ¿Cuál es la fuerza de un devoto? Es un hijo de Dios y las lágrimas son su mayor fuerza.

93. La cría de un mono se agarra y apega a su madre. La cría de gato no puede agarrarse a su madre, pero maúlla de forma lastimera cada vez que está junto a ella. Si el mono se suelta de su madre, cae y se hace daño. Esto sucede porque es algo que depende de su propia fuerza. Sin embargo, el gato no corre ningún riesgo, ya que su propia madre siempre está merodeando cerca de él. He aquí la diferencia entre autosuficiencia y la resignación total a la voluntad de Dios.

94. Según dicen, la perla de una ostra abandona su cama en el fondo del

mar y asciende hacia la superficie para atrapar el agua de la lluvia cuando la estrella Svâti está en ascenso. Permanece flotando en la superficie del mar boquiabierta, hasta que consigue atrapar una gota de la maravillosa lluvia de la estrella Svâti. Después se vuelve a sumergir para acostarse en su cama y descansar bajo el mar, hasta que termina de diseñar una preciosa perla utilizando la gota de lluvia. De forma similar, hay algunos verdaderos aspirantes ansiosos por viajar de un lugar a otro en busca de ese santo y seña de un preceptor divino y perfecto (Sad-guru), que les abrirá la puerta de la felicidad eterna. Asimismo, si en su diligente búsqueda uno es lo suficientemente afortunado como para conocer a un Gurú y adquirir la palabra de Dios —que romperá sin lugar a dudas todas sus ataduras—, se aislará automáticamente de la sociedad, se internará en los más profundo de su corazón y allí descansará, hasta el día que consiga la paz eterna.

95. El pedernal puede permanecer durante una miríada de años bajo el agua, y aun así, nunca pierde su fuego interno. Goléala cuando quieras con hierro y resplandecerá su chispa. Así de fiel es el devoto respecto a su fe. A pesar de que pueda estar rodeado de todas las impurezas que hay en el mundo, nunca pierde su fe y el amor. En cuanto escucha el nombre del Todopoderoso se queda maravillado.

96. La Piedra pueda permanecer durante miríadas de años bajo el agua y el agua nunca penetrará en ella. Pero a menudo la arcilla acaba convirtiéndose en barro al entrar en contacto con el agua. Del mismo modo, la fuerza del corazón de los fieles no se desespera en medio de pruebas y persecuciones. En cambio, hasta la causa más simple puede afectar al hombre de poca fe.

97. ¡Cuán tierna es la simpleza de un niño! Prefiere una muñeca antes que todas las riquezas y comodidades. Así es el devoto fiel. No existe nadie más capaz de rechazar el dinero y el honor por Dios.

98. Dios es para una hormiga como una colina de azúcar. Una hormiga pequeña se lleva un grano de azúcar pequeño. Una horma más grande se lleva un grano de mayor tamaño. Sin embargo la continúa siendo tan

grande como antes. Así son los devotos de Dios. Les invade la euforia con tan solo un trocito de uno de los atributos de Dios. Nadie puede contener dentro de él todos Sus atributos.

99. Una vez un estudioso de la lógica le preguntó a Srî Râmakrishna: «¿qué es el conocimiento, el conocedor y el objeto conocido?». A lo que este le respondió: «santo Dios, no conozco todos estos detalles de las enseñanzas escolásticas. Solo sé que soy hijo de Dios».*

Los dichos de Râmakrishna: 100-199

100. El hombre al que se le eriza el vello de todo el cuerpo, de puro éxtasis, al escuchar el nombre de Srî Hari y que derrama lágrimas de amor al oír el nombre de Dios, ya ha nacido por última vez.

101. Al tener la tiña, cuanto más te rasques, mayor será el picor y mayor placer te producirá rascarte. De forma similar, una vez que los devotos han comenzado a entonar sus plegarias, no se cansan jamás, sino que continúan todos juntos durante horas y horas.

102. Cuando al comprador le miden los granos en el granero de un rico comerciante, el medidor continúa midiendo sin cesar, mientras que las mujeres le traen cestas llenas de grano de la tienda principal. El medidor no se levanta de la silla, mientras que las mujeres siguen trayéndole cestas y cestas sin parar. Sin embargo, ni una tienda de alimentación tan pequeña tiene tantos visitantes ni tiene tantos suministros. De forma similar, es Dios Él mismo el que no deja de inspirar pensamientos y sentimientos en el corazón de Sus devotos, motivo por el que a estos últimos nunca les faltan nuevos y sabios pensamientos. Por otro lado, el libro aprendido, al igual que los pequeños almaceneros, pronto descubren que sus pensamientos se han agotado.

---

* Últimamente he recibido más dichos de Râmakrishna, pero su publicación tendrá que esperar todavía.

103. Un agricultor nato no deja de labrar la tierra, aunque no llueva durante los siguientes doce años, mientras que un comerciante que acaba de empezar a trabajar como agricultor pierde la esperanza en cuanto se enfrenta a su primera sequía. El verdadero creyente nunca se desmotiva, incluso si no consigue ver a Dios mediante la devoción expresada a lo largo de su vida.

104. Un verdadero devoto que ha bebido demasiado del Amor Divino es como un verdadero borracho y, como tal, no siempre distingue con claridad las reglas de la propiedad.

105. Dala (los juncos) no siempre crece en grandes tanques de agua pura, sino en pequeños charcos de agua estancada y miasmática. De manera similar, Dala (el cisma) no aparece en un partido cuyos seguidores se guían por motivaciones puras, amplias y generosas, sino que echa fuertes raíces en un partido cuyos defensores son propensos al egoísmo, la mentira y el fanatismo (en bengalí, «Dala» significa tanto «junco» como «cisma»).

106. Los yoguis y samyâsins son como serpientes. La serpiente nunca excava un agujero por sí sola, sino vive en el agujero que ha excavado el ratón. Cuando un agujero deja de ser habitable, se mete en otro agujero. Del mismo modo, los yoguis y los samyâsins no construyen sus casas; pasan los días en las casas de los demás. Hoy en una casa, mañana en otra.

107. Solo el sabio es capaz de reconocer a otro sabio. Solo el que trabaja con ovillos de algodón es capaz de saber de qué número y calidad está hecho un ovillo en particular.

108. Había un sabio sumido en un profundo trance (Samâdhi) junto a un camino y un ladrón que pasaba por el lugar, al verle, pensó para sus adentros: «ese tipo de ahí es un ladrón. Debe de haber robado en alguna casa por la noche y ahora está tan cansado que se ha quedado dormido. La policía no tardará en llegar para detenerle, así que ahora es el momento de escapar». De esta forma, el ladrón huyó. Poco después, un borracho se acercó al sabio y le dijo: «¡hola! Te has caído en la zanja por beber demasiado. Yo estoy

más sobrio que tú y no me voy a caer». Por último apareció otro sabio y, al comprender que el gran sabio estaba en trance (Samâdhi), se sentó, le tocó y se puso a frotarle los pies con cuidado.

109. Hubo una vez en la que un sâdhu itinerante llegó al templo de Kali de Rani Râsamani y, al ver a un perro que estaba comiéndose los restos de un banquete, se acercó a él y le preguntó mientas le abrazaba: «hermano, ¿cómo puedes comer solo sin compartir un poco conmigo?». Una vez dicho esto, se puso a comer con el perro. Como cabía esperar, la gente del lugar pensó que estaba loco, pero cuando se puso delante del templo de la diosa, comenzó a entonar unos himnos alabando a Kali y el templo pareció temblar ante el fervor de su devoción. Fue en ese momento cuando la gente descubrió que era un gran sâdhu. Los verdaderos sâdhus deambulan con vestimentas harapientas y otros disfraces de aquí para allá como niños u hombres locos.

110. El verdadero religioso es aquel que no hace nada mal o que actúa sin piedad cuando está solo, es decir, cuando no hay quien pueda verle y culparle.

111. En el alfabeto bengalí, no hay tres letras que se parezcan entre sí, salvo las tres sibilantes (sa, sha y sa), que significan «abstenerse», «abstenerse» y «abstenerse». Este hecho demuestra que, incluso desde pequeños, se nos enseña a abstenernos a través de nuestro propio alfabeto. La cualidad de la abstención es de las más importantes para todo hombre.

112. El azúcar y la arena se pueden mezclar, pero la hormiga ignora la arena y se hace con un grano de azúcar, del mismo modo que los hombres piadosos saben escoger con cuidado ente lo bueno y lo malo.

113. Está en la naturaleza de una cesta de mimbre rechazar lo malo y quedarse con lo bueno; este es incluso el caso de los hombres piadosos.

114. Él es un verdadero hombre que está muerto incluso en vida, es decir, es un hombre cuyas pasiones y deseos han sido destruidos como si su cu-

erpo estuviese muerto.

115. La gente mundana realiza actos piadosos y caritativos esperando recibir una recompensa, pero cuando la mala suerte, la pena y la pobreza se les acerca, se les olvida todo. Son como el loro que repite el nombre Divino «Râdhâ-Krishna, Râdhâ-Krishna» todo el santo día, pero que, cuando le atrapa un gato, grita «Kaw, Kaw», olvidándose del nombre Divino.

116. Un amortiguador de resorte se comprime hacia abajo cuando uno se sienta sobre él, pero recobra rápidamente su forma original al desaparecer la presión. Lo mismo ocurre con los hombres mundanos. Están llenos de sentimientos religiosos, siempre cuando sean conversaciones religiosas. En cambio, en cuanto entran en la rutina diaria del mundo, se olvidan de todos esos grandes y nobles pensamientos y vuelven a ser tan impuros como lo eran antes.

117. El hierro está al rojo vivo siempre cuando esté dentro del horno, pero en cuanto se aparta del fugo, se vuelve negro. Así es también el hombre mundano. Está lleno de sentimientos religiosos siempre y cuando esté en la iglesia o en la sociedad de las personas piadosas, pero en cuanto sale de dichas asociaciones, pierde todas esas emociones.

118. Alguien dijo una vez: «cuando mi hijo Harish crezca, le casaré y pasará a estar a cargo de la familia. De esa forma, podré renunciar al mundo y comenzar a practicar yoga». Y a estas palabras un sâdhu le respondió: «nunca tendrás la oportunidad de practicar yoga (devoción). Entonces dirás que Harissh y Girish están demasiado unidos a ti; que todavía no quieren abandonar tu compañía. Después quizá desees que Let Harish tenga un hijo y que algún día lo veas casándose. Y de esta forma, tus deseos no tendrán fin».

119. A veces las moscas se posan en los dulces expuestos en el escaparate de una pastelería. Sin embargo, en cuanto un barrendero pasa por delante con un cesto lleno de porquería, las moscas abandonan los dulces para po-

sarse en el cesto. En cambio, la abeja nunca se posa en la suciedad, sino que siempre bebe miel de las flores. Los hombres mundanos son como moscas. En ocasiones consiguen saborear momentáneamente el dulzor de Dios, pero su atracción natural por la suciedad los trae rápidamente de vuelta al estercolero del mundo. Por otro lado, el hombre bondadoso siempre está absorto por la contemplación beatífica de la Belleza Divina.

Nótese que el hombre mundano es como un gusano sucio que vive y muere siempre en la suciedad y que no sabe nada de Dios. El hombre bondadoso es como la mosca que se posa en la suciedad y en los dulces; mientras que el alma libre de un yoguin es como la abeja que siempre bebe la miel de la presencia divina de Dios y nada más.

120. Cuando se argumentó que un hombre de familia (Grihastha) puede permanecer en la familia sin preocuparse por ella y que, como consecuencia, puede proseguir sin ser corrompido por el mundo, se citó al siguiente ilustrador para refutar dicho argumento:

Un pobre Brâhman se acercó una vez a uno de esos hombres de familia que no se preocupan en absoluto por los asuntos familiares para pedirle limosna. Cuando el mendigo le pidió dinero, el hombre le respondió: «señor, yo nunca toco el dinero. ¿Por qué pierde el tiempo pidiéndome limosna?». A pesar de su respuesta, el Brâhmana no se marchaba, así que, harto de sus molestos ruegos, el hombre acabó dándole una rupia y le dijo: «bueno, señor, venga mañana y veré qué puedo hacer por usted». Al volver a casa, aquel típico hombre de familia le contó todo a su mujer, que se encargaba de todos sus asuntos, mientras que él se desentendía:

—Mira, querida, hay un pobre Brâhmana que tiene problemas y quiere algo de mí. Al final he cambiado de opinión y le he dado una rupia. ¿Qué te parece?

—¡Ah! ¡Qué generoso eres!—le respondió con entusiasmo al escuchar la palabra «rupia»—. Las rupias no son como hojas o piedras que puedas tirar sin pararte a pensar.

—Bueno, querida—respondió el marido en un tono de disculpa—, el hombre es muy pobre y no deberíamos darle menos de una rupia.

—¡No!—exclamó su mujer—. No puedo gastarme tanto. Aquí hay una moneda de dos y un poco. Puedes dársela si quieres.

Por supuesto, el hombre no tenía otra alternativa, ya que no le preocupaba lo más mínimo este tipo de asuntos mundanos y cogió lo que su mujer le había dado. Al día siguiente, el mendigo apareció y solo recibió dos rupias y un poco. Estos hombres de familia que no están corrompidos son personas dominadas por sus mujeres, que se guían exclusivamente por sus esposas y que, por lo tanto, son individuos muy pobres en humanidad.

121. Al ver el agua brillante pasar a través de la red cuyo aro es de bambú*, las crías de pez entran en ella entusiasmadas y, una vez han entrado, ya no pueden salir, quedando atrapadas. De manera similar, los hombres insensatos llegan al mundo seducidos por su falso resplandor. Sin embargo, puesto que es más fácil entrar en la red que salir de ella, es más fácil llegar al mundo que renunciar a él, después de haber llegado a él.

122. Los hombres siempre citan el ejemplo del rey Ganaka como el de un hombre que vivió en el mundo y que alcanzó incluso la perfección. Pero solo ha existido este ejemplo durante toda la historia de la humanidad. Su caso no fue la norma, sino la excepción. La regla general es que nadie puede alcanzar la perfección espiritual al menos que renuncie a la lujuria y a la codicia. No pienses que eres un Ganaka. Han pasado muchos siglos desde entonces y el mundo no ha vuelto a darnos otro Ganaka.

123. Este mundo es como un escenario en el que los hombres actúan utilizando diferentes disfraces. No les gusta quitarse la máscara, a menos que hayan estado actuando durante una temporada. Deja que actúen un tiempo y entonces se quitarán la máscara de su propio acuerdo.

124. El corazón del devoto es como una vela apagada y el mero hecho de mencionar el nombre de Dios aviva el fuego del amor que hay en su corazón. Pero la mente del hombre mundano, repleta de lujuria y codicia, es como una vela encendida que gotea y que nunca puede encenderse con

---

* Una trampa para capturar un pez pequeño.

entusiasmo, aunque se le puede predicar a Dios en innumerables ocasiones.

125. Un hombre mundano puede estar dotado de un intelecto como el de Ganaka, puede sufrir y tener tantos problemas como un yogui, y puede hacer sacrificios tan nobles como un asceta. No obstante, todo esto que hace, no por Dios, sino por lo mundano, el honor y la riqueza.

126. Al igual que el agua no penetra la piedra, los consejos religiosos no causan ningún efecto en el corazón de un hombre mundano.

127. Al igual que una uña no puede perforar la piedra, pero sí puede clavarse fácilmente en la tierra, el consejo del piadoso no afecta al alma de un hombre mundano. Solo llega al corazón del creyente.

128. Al igual que resulta fácil dejar huella en la arcilla blanda y no en la piedra, la Sabiduría Divina también deja huella en el corazón del devoto, pero no en el alma del hombre mundano.

129. La característica de un hombre completamente mundano es que no solo no escucha los himnos, discursos religiosos, alabanzas al Todopoderoso, etc.; este también evita que otros las oigan y abusa de los creyentes y de las sociedades religiosas, y se burla de los oradores.

130. El caimán tiene una piel tan gruesa y escamosa que no hay arma capaz de perforarla. Al contrario, si es atacado, el caimán sale airoso sin un rasguño. Por lo tanto, por muchas veces que prediques la religión a un hombre mundano, no tendrá efecto ninguno en su corazón.

131. El agua pasa bajo el puente por un lado y rápidamente sale por el otro, de la misma forma que un consejo religioso afecta a las almas mundanas. Les entra por una oreja y les sale por otra, sin causar ningún efecto en ellas.

132. Al hablar con un hombre mundano, uno puede pensar que su corazón está lleno de pensamientos y deseos mundanos, incluso como el buche

lleno de grano de la paloma.

133. La leche hierbe y le salen burbujas mientras esté sobre el fuego. Si se aparta del fuego, volverá a estar como antes. Del mismo modo, el corazón de un neófito hierbe de entusiasmo, siempre y cuando continúe con su práctica espiritual. Sin embargo, después se calma.

134. Al igual que al acercarse a un monarca uno debe congraciarse con los oficiales que vigilan la puerta y custodian el trono, para llegar al Todopoderoso, uno debe practicar muchas devociones, así como servir a muchos devotos y mantener a la compañía de los sabios.

135. Mantén tus propios sentimientos y la fe en ti. No hables de ellos en el extranjero. Si no, te convertirás en un gran perdedor.

136. Existen tres tipos de muñecas: el primero hecho de sal, el segundo hecho de trapo y el tercero hecho de piedra. Si estas muñecas fuesen sumergidas en el agua, la primera se disolvería y perdería su forma; la segunda absorberá una gran cantidad de agua, pero mantendrá su forma; mientras que la tercera será impermeable al agua. La primera muñeca representa al hombre que surge de su eterno y universal Yo y que se convierte en uno solo, es decir, en el Mukta purusha; la segunda representa al verdadero amante de Bhakta, que está lleno de dicha y conocimiento Divino; y la tercera representa al hombre mundano, que no absorberá ni una gota del verdadero conocimiento.

137. Algunos peces no luchan por liberarse cuando son capturados con una red, otros intentan saltar para salir de la red, mientras que unos pocos se contentan con intentar escapar rasgando la red. Del mismo modo, existen tres tipos de hombres: los que están encadenados (Baddha), los que se retuercen (Mumukshu) y los libres (Mukta).

138. Del mismo modo que los tamices separan las partes más finas de una sustancia pulverizada o molida de las más gruesas, manteniendo lo

más grueso y rechazando lo más fino, el hombre malo saca el mal y rechaza el bien.

139. Dos hombres fueron a un jardín. En cuanto el más sabio de los dos pasó por la puerta, comenzó a contar el número de árboles del mango, cuántos magos tenía cada árbol y cuánto podría costar todo el huerto. El otro fue a conocer al dueño y comenzó a arrancar el fruto de los árboles y a comérselo en silencio bajo el consentimiento del dueño. ¿Ahora quién es el más sabio de los dos? Come mangos. Satisfará tu hambre. ¿Qué tiene de bueno contar las hojas y hacer cálculos en vano? El hombre carente de intelecto está ocupado de forma inútil en saber «el porqué y el para qué» de la creación, mientras que el hombre sabio y humilde se hace amigo del Creador y disfruta de la Felicidad Suprema de este mundo.

140. El buitre remota el vuelo muy alto, pero está mirando todo el tiempo hacia abajo, en busca de cadáveres putrefactos que pueda haber en las fosas. Del mismo modo, los panditas hablan con soltura y volubilidad sobre el Conocimiento Divino, pero esto no es más que mera palabrería, ya que sus mentes están pensando en cómo conseguir dinero, respeto, honor, poder o el mero galardón de su aprendizaje.

141. En una ocasión se produjo una discusión en la corte del marajá de Burdwan, entre los sabios que allí había, acerca de quién era la mayor Deidad, Siva o Vishnu. Algunos defendían que era Siva y otros, Vishnu. Cuando la discusión comenzó a calentarse, un sabio pandita se dirigió al rajó y dijo: «señor, si no he conocido a Siva ni tampoco he visto a Vishnu, ¿cómo puedo saber quién es más poderoso de los dos?». Tras este comentario cesó la discusión, ya que ninguno de los presentes había visto verdaderamente a ninguno de los dos dioses. De esta misma forma, nadie debería comparar a un dios con otro. Cuando un hombre ha visto de verdad a un dios, llega a la conclusión de que todas las deidades son manifestaciones de un único y mismo Brahman.

142. El elefante tiene dos juegos de dientes —los colmillos externos y los

molares internos—, del mismo modo que los hombres de Dios, como Sri Krishna, etc., actúan y se comportan a ojos de cualquiera como hombres normales, mientras que su corazón y su alma descansan mucho más allá del pálido Karman.

143. El sâdhu que distribuye medicinas y que utiliza intoxicantes no es un buen sâdhu; evita su compañía.

144. Había un brâhmana que estaba tumbado en un jardín que cuidaba día y noche. Un día, una vaca que se había perdido llegó al jardín y se comió un joven mango, que era uno de los árboles más apreciados por el brâhmana. Cuando el brâhmana vio a la vaca destruir su planta favorita, le dio tal paliza que esta murió por todas las heridas que le ocasionó y pronto la noticia de que el brâhmana había matado al animal sagrado corrió como la pólvora.

El brâhmana era un supuesto vedânista y cuando se le juzgó por el pecado cometido, este lo negó:

—No, no he matado a la vaca. Ha sido mi mano y, al ser Indra el dios responsable de la mano, si alguien ha tenido algo que ver con la muerte de la vaca, ese es Indra y no yo.

Indra, que estaba en su Cielo, escuchó todo esto, adoptó la apariencia de un viejo brâhmana, fue a ver al dueño del jardín y dijo:

—Señor, ¿de quién es este jardín?

—Es mío—respondió el brâhmana.

—Es un jardín precioso—le espetó Indra.

—Debe de tener un buen jardinero, visto cómo están plantados los árboles, de esa forma tan impecable y artística.

—Bueno, señor, ese también es mi trabajo—le confesó el brâhmana—. Los árboles están plantados bajo mis órdenes y mi supervisión personal.

—¡Ya decía yo!—exclamó Indra—. Es muy inteligente. Pero ¿quién ha trazado este camino? Ha sido planificado con gran habilidad y realizado de forma impecable.

—Todo esto es obra mía—le aseguró el brâhmana.

En ese momento, Indra, con las manos entrelazadas, dijo:

—Cuando todas estas cosas son tuyas y te atribuyes el mérito de todas las obras de este jardín, el pobre Indra no tiene otra opción que adoptar una postura intransigente por haber sido acusado de haber matado a la vaca.

145. Si te tomas en serio ser bondadoso y perfecto, Dios enviará al Maestro (Sad-Guru) más adecuado para ti. Todo lo que se necesita es seriedad.

146. Al ir a un país extraño, uno ha de obedecer las indicaciones de aquel que conoce el camino, mientras que tomar el consejo de muchos puede llevar a la confusión. Por ello, al tratar de alcanzar a Dios, uno debe seguir al pie de la letra el consejo de un único gurú que conozca el camino hacia Dios.

147. Quienquiera que llame al Todopoderoso con sinceridad y una gran seriedad no necesita un gurú. Pero dicho hombre es raro, motivo por el que necesita a un gurú o guía. El gurú debería ser uno solo, pero Upagurus (el ayudante de Gurus) podría ser muchos. Aquel del que se aprende cualquier cosa es un Upaguru. El gran Avadhûta tenía veinticuatro gurús como ese.

148. Muchos son los caminos que llevan a Calcuta. Un hombre emprendió el viaje hacia la gran ciudad desde su lejano pueblo. Por el camino le preguntó a un hombre:

—¿Qué senda debería tomar para llegar cuanto antes a Calcuta?

—Sigue por este camino—le respondió el hombre.

Al cabo de un tiempo volvió a encontrarse a otro hombre y le preguntó:

—¿Es este el camino más rápido hacia Calcuta?

—¡Oh! ¡No!—respondió el hombre—. Tienes que dar marcha atrás y tomar el camino de la izquierda.

Y eso hizo el hombre. Al cabo de un tiempo caminando por ese camino, el hombre se topó con un tercer hombre que le indicó otro camino para ir a Calcuta. De este modo, el viajero no tuvo éxito y se pasó los días cambiando de camino una y otra vez. Si lo que quería era llegar a Calcuta, debería haber continuado por el camino que le había indicado el primer hombre. De forma similar, aquellos que desean llegar a Dios han de seguir a un único y solo Guía.

149. El discípulo nunca debería criticar al gurú. Este debe obedecer de forma implícita todo lo que su gurú le diga. Según un pareado bengalí, «aunque mi gurú pueda visitar una taberna, aun así, mi gurú sigue siendo un santo Rai Nityânanda».

150. El gurú es un mediador. Hace que el hombre y Dios se puedan encontrar.

151. Coge la perla y tira la concha de la ostra. Sigue el mantra (consejo) del gurú y deshazte de las consideraciones de las debilidades humanas del profesor.

152. No escuches si alguien critica y censura al gurú. Aléjate de él de inmediato.

153. Del mismo modo que la luna es el tío de todo niño, Dios es el Padre y el Guía de toda la Humanidad (en Bengal, los niños llaman a la luna su «tío materno»).

154. Un discípulo que confiaba totalmente en el poder infinito de su gurú caminó sobre un río incluso pronunciando su nombre. El gurú, al ver esto, pensó: «¿tanto poder hay en mi nombre? En ese caso, no cabe duda de que debo de ser muy grande y poderoso». Al día siguiente, él también intentó caminar sobre el río pronunciando «I, I, I», pero en cuanto puso un pie sobre el agua, se hundió. La fe puede producir milagros, mientras que la vanidad o el egoísmo es la muerte del hombre.

155. Muchos son los que pueden tener un gurú, pero los buenos chelas (discípulos) son muy poco habituales.

156. Es fácil pronunciar «do, re, mi, fa, sol, la, si» con la boca, pero no lo es tanto cuando hay que cantar o tocar con un instrumento estas notas. Así pues, es fácil hablar de religión, pero es difícil actuar como establece la religión.

157. A los hombres corrientes se les llena la boca al hablar de religión, pero después no actúan en absoluto según sus preceptos. En cambio, el hombre sabio habla poco, pero toda su vida es una religión.

158. Haz lo que quieras que los demás hagan.

159. Cierto, cierto es, te digo, que aquel que busca a Dios, Lo acaba encontrando.

160. Los pétalos del loto se caen con el paso del tiempo, pero estos dejan cicatrices. Así pues, cuando aparece el verdadero conocimiento, el egoísmo se desvanece, pero queda su rastro. Estos, sin embargo, no son en absoluto activos para el mal.

161. Existen dos tipos de Ego en el hombre: uno maduro y otro inmaduro. El Ego maduro cree que nada es suyo: «cualquier cosa que vea, sienta o escuche, incluso este cuerpo, no es mío; siempre soy libre y eterno». El Ego inmaduro, por el contrario, piensa: «esta es mi casa, mi habitación, mi hijo, mi mujer, mi cuerpo, etc.».

162. Aunque se frotase o fregase cientos de veces, la copa en la que se deja el jugo del ajo siempre conservará un desagradable hedor. Así pues, el Ego también es una criatura muy obstinada; nunca nos abandona por completo.

163. Aunque las hojas de la palma de cacao se caigan, siempre dejan su huella en el tronco. De forma similar, mientras uno tenga este cuerpo, siempre tendrá la marca del egoísmo, que al estar tan alta, el hombre nunca podrá avanzar en su espiritualidad. Pero estos rastros de egoísmo no adhieren estos hombres al mundo ni producen que vuelvan a nacer.

164. El solo puede calentar e iluminar el mundo entero, pero no puede hacer nada cuando las nubes tapan sus rayos. De forma similar, mientras que el egoísmo esté en el alma, Dios no podrá brilla sobre el corazón.

165. La vanidad es como un montón de basura o cenizas en el que el agua se seca en cuanto cae en él. Los rezos y las meditaciones no producen ningún efecto en los corazones rebosantes de vanidad.

166. De todas las aves del cielo, el cuervo es considerado el más sabio y eso también piensa él mismo. Nunca cae en una trampa. Huye ante el mínimo indicio de peligro y tiene una gran destreza a la hora de robar comida. Pero toda esta sabiduría no le puede proporcionar una vida mejor que la suciedad y la materia extraña. He aquí el resultado de poseer la sabiduría de un picapleitos.

167. Hace mucho tiempo, el engreimiento penetró en el corazón del Sabio Divino Nârada y este pensó que no había mejor devoto que él mismo. Al leer su corazón, Lord Srî Vishnu dijo:

—Nârada, ve a ese lugar y cultiva amistades. Allí hay un gran Bhakta mío.

Nârada fue y allí encontró a un agricultor que se había levantado temprano, que, tras pronunciar el nombre de Hari solo una vez, salió a labrar la tierra durante todo el día con su arado. Por la noche se acostó tras pronunciar el hombre de Hari una sola vez. «¿Cómo puede decirse que este campesino sea un amante de Dios?», se preguntó Nârada. «Le veo muy ocupado con sus tareas mundanas y no hay señales en su interior de que sea un hombre piadoso». Así pues, Nârada regresó para ver a su Maestro y le contó todo lo que pensaba de su nuevo conocido.

—Nârada, coge esta copa llena de aceite, ve y paséate por la ciudad, y vuelve con ella, pero ten cuidado de no derramar ni una gota en el suelo —le dijo el Maestro.

Nârada hizo lo que se le había ordenado y cuando regresó le preguntó su marido:

—Bueno, Nârada, ¿con qué frecuencia te has estado acordando de mí durante tu paseo?

—Ni una sola vez, Maestro —respondió Nârada—. ¿Cómo podría haberlo hecho si tenía que estar vigilando la copa para no derramar ni una gota de aceite?

—Esta copa de aceite te ha distraido tanto que hasta te has olvidado por completo de mí. En cambio, mira como ese campesino, a pesar de soportar la carga de tener que mantener una familia, se acuerda de mí dos veces al día—le respondió.

168. Existen tres tipos de amor: el egoísta, el mutuo y el desinteresado. El amor egoísta es el más bajo. Solo se preocupa por su propia felicidad, independientemente de si la persona amada sufre para bien o para mal. En el amor mutuo, el amante no solo quiere la felicidad de su amado o amada, sino que también se preocupa por su propia felicidad. El amor desinteresado es el más valioso. Al amante lo único que le interesa es el bienestar de su enamorado o enamorada.

169. Un verdadero amante ve a Dios como su pariente más cercano y querido, del mismo modo que las pastoras de Vrindâvana vieron en Srî Krishna no al Señor del Universo (Gagannâtha), sino a su propio enamorado (Gopînâtha).

170. «He de alcanzar la felicidad en la vida. Sí, en tres días he de encontrar a Dios; o sea, haré que venga a mí tan solo con pronunciar Su nombre una vez». Con este amor tan fuerte se atrae al Señor fácilmente. Los amantes poco entusiastas tardan años en llegar a Él, si es que lo consiguen.

171. Una vez un amante y un conocedor de Dios atravesaron un bosque. Por el camino, vieron un tigre a lo lejos. El Gñânin o el conocedor de Dios dijo: «No tenemos porqué huir; sin duda, el Todopoderoso nos protegerá». Y a eso el amante le respondió: «no, hermano, venga, corramos. ¿Por qué deberíamos molestar al Señor con algo que podemos solucionar nosotros mismos?».

172. El Conocimiento de Dios puede asociarse al de un hombre, mientras que el Amor de Dios es como una mujer. El Conocimiento solo puede entrar a las habitaciones exteriores de Dios, pero nadie puede adentrarse en los misterios internos de Dios, excepto un amante; una mujer tiene incluso acceso al harén del Todopoderoso.

173. El conocimiento y el amor de Dios son últimamente una sola cosa y la misma. No hay diferencia entre el conocimiento puro y el amor puro.

174. Un grupo de pescadoras, al volver a casa de un mercado lejano que hubo una tarde, fueron sorprendidas, a mitad de camino, por una fuerte tormenta de granizo al hacerse de, por lo que se vieron obligados a refugiarse en la casa de una florista. Gracias a la bondad de la florista, las mujeres pudieron dormir aquella noche en una de sus habitaciones, donde guardaba algunas cestas llenas de aromáticas flores para venderlas a sus clientes. El ambiente de la habitación era tan maravilloso que las pescaderas no se podían dormir, hasta que una de ellas sugirió: «si cada una nos acercamos nuestra cesta de pescado vacía a la nariz, dejaremos de oler este aroma que nos está atacando el olfato y no nos deja dormir». Así pues, al estar todas de acuerdo con la propuesta, eso hicieron y pronto empezaron a roncar. De hecho, así de poderosa es la influencia de los malos hábitos en aquellos que son adictos a ellos.

175. Había una mangosta doméstica cuya casita estaba en lo alto del muro de una casa. Un extremo de la cuerda estaba atado a su cuello y el otro extremo estaba atado a un peso. La mangosta corre y juega con su correa por el salón o en el jardín, pero en cuanto se asusta, sale corriendo disparada y se esconde en su casita. Sin embargo, no puede permanecer mucho tiempo ahí, ya que el peso del otro extremo de la cuerda le tira hacia abajo y se ve forzada a abandonar su casita. De forma similar, la casa del hombre está en lo alto, a los pies del Todopoderoso. En cuanto se asusta ante la adversidad o se siente desgraciado, acude a Dios, su verdadero hogar. Sin embargo, al cabo de un rato, la irresistible atracción le obliga a volver al mundo.

176. No se puede considerar a Helonchâ (*Hingcha repens*) una verdura de hoja, o a los caramelos de azúcar como dulces normales y corrientes, ya que incluso un hombre enfermo puede utilizarlos sin perjudicar su salud. Del mismo modo, el pranava () no se puede considerar una palabra, sino Dios. Así pues, los deseos de santidad, la devoción y el amor no pueden considerarse en absoluto deseos.

177. Cuando el fruto crece, se le caen los pétalos. De modo que, cuando Dios crece en ti, tu debilidad por ser humano desaparece.

178. El ternero recién nacido se cae una y otra vez hasta que aprende a mantenerse de pie. Así pues, en el camino dela devoción, numerosas son las caídas antes de alcanzar el éxito.

179. Hay personas que se achispan con un pequeño vaso de vino. Otros necesitan dos o tres botellas para emborracharse. Pero ambos obtienen el mismo placer al emborracharse. De forma similar, algunos devotos se emborrachan con la felicidad celestial al entrar en contacto directo con el Señor del Universo, mientras que otros resplandecen de euforia al recibir una pizca de la Gloria Divina. No obstante, ambos son afortunados, puesto que a ambos les inunda la felicidad Divina.

180. La serpiente es muy venenosa. Muerde cuando alguien se acerca para tocarla. Pero aquel que ha aprendido a encantar a una serpiente, no simplemente puede cogerla, sino que puede llevar varias por su cuerpo como si fuesen adornos. De forma similar, la lujuria y la codicia nunca podrán corromper a aquel que tiene conocimiento espiritual.

181. El hombre obtiene la perfección al llegar a uno de los siguientes estados: (1) yo soy todo esto; (2) tú eres todo esto; (3) tú eres el Maestro y yo, el sirviente.

182. Para encontrar a Dios, deberás sacrificar tu cuerpo, mente y riquezas.

183. La condición humana ha de morir antes de que Dios se manifieste. Pero, a su vez, Dios ha de morir antes de que la Madre Felicidad se manifieste. Es en el seno de la Divinidad muerta (Siva) donde la Madre Felicidad brinca al compás de Su danza celestial.

184. Aquel que tenga un gran anhelo y una fuerte concentración, encontrará a Dios primero.

185. Samâdhi es el estado de la dicha que experimenta un pez vivo, al que se vuelve a meter en el agua después de haberlo dejado fuera durante un rato.

186. Aunque no se pueda apreciar desde la superficie, en las profundidades del mar hay colinas, montañas y valles. Del mismo modo, en el estado de Samâdhi, cuando uno flota en el océano Sat-kit-ânanda, toda la conciencia humana late en él.

187. Si llenas una vasija de barro de agua y la colocas en una estantería apartada, el agua se secará al cabo de unos días. Sin embargo, si colocas la misma vasija en el agua, esta permanecerá llena mientras continúe ahí. Lo mismo ocurre con tu amor hacia Dios, nuestro Señor. Llena y enriquece tu interior con el amor de Dios durante una temporada y luego dedícate a otros asuntos, olvidándote de Él con el transcurso del tiempo. Entonces te darás cuenta rápidamente de que tu corazón se ha vuelto pobre y vacío, al carecer de ese valioso amor. En cambio, si siempre mantienes tu corazón inmerso en las profundidades de ese amor sagrado, tu corazón siempre estará a rebosar de fervor Divino del amor sagrado.

188. Solo aquel que, durante la meditación, permanezca inconsciente a todo lo que sucede afuera podrá alcanzar la perfección al meditar.

189. Una jarra rodeada de agua está llena de agua tanto dentro como fuera. De forma similar, el alama que esté completamente sumida en Dios puede ver al espíritu que todo lo atraviesa dentro y fuera.

190. Cuando descienda la gracia del Todopoderoso, todo el mundo comprenderá sus errores. Al saber esto, no deberíais pelearos.

191. La oscuridad de los siglos desaparece tan rápido como la luz inunda la habitación. Las ignorancias y los errores cometidos, fruto de innumerables nacimientos acumulados, se desvanecen ante la simple mirada de la gracia del Todopoderoso.

192. Cuando sopla la brisa Malaya, todos los árboles, a pesar de lo resistentes que sean, acaban convirtiéndose en sándalos; pero aquellos que no tienen la resistencia suficiente no cambian, como el bambú, el plátano, la palmera, etc. Así pues, cuando la Gracia Divina descienda, los hombres que posean el germen de la piedad y de la bondad se transformarán de inmediato en seres sagrados, llenos de Divinidad, mientras que los hombres mundanos, sin valor alguno, continuarán siendo como son.

193. Al igual que la aurora anuncia la salida del sol, el altruismo, la pureza, la moral, etc., anuncian la llegada del Señor.

194. Antes de acudir a la casa de su siervo, el rey le envía las sillas, los adornos y la comida necesaria para que este le reciba adecuadamente. Del mismo modo, antes de que el Señor venga, enviará amor, reverencia, fe y anhelo al corazón del devoto.

195. Las aguas poco profundas de un campo abierto se secarán con el paso del tiempo, aunque nadie pueda disminuirla, mediante su uso. Así pues, en ocasiones un pecador queda completamente absuelto de sus pecados al resignarse plena y absolutamente a la merced y gracia de Dios.

196. Un policía puede ver con un farol a todo al que ilumina, pero nadie puede verle mientras gire el farol para iluminarse a sí mismo. Así es como Dios ve a todos, pero nadie puede verLe hasta que el Señor Se muestre en su misericordia.

197. Hay peces que tienen varios huesos y otros, que solo tienen uno, pero al igual que el depredador limpia todos los huesos antes de comerse al pez, aunque haya hombres que hayan cometido muchos pecados y otros que hayan cometido pocos, la gracia de Dios los purifica a todos a tiempo.

198. La brisa de Su majestad sopla sobre la cabeza sin parar. Despliega las velas del barco (la mente) si lo que quieres es avanzar rápidamente a través del océano de la vida.

199. No hay que utilizar abanico cuando sopla el viento, del mismo modo que no habrá que utilizar rezos o penitencias cuando descienda la gracia de Dios.

1. Una trampa para capturar un pez pequeño.

Las enseñanzas de Râmakrishna: 200-299

200. Los credos y las sectas no tienen ninguna relevancia. Permitid que cada uno practique con fe los ritos de su propio credo. La fe es la única pista para llegar a Dios.

201. Aquel que tiene fe lo tiene todo y aquel que quiere tener fe lo quiere todo.

202. En la India, los curanderos de la fe piden a sus pacientes que repitan con total convicción las palabras: «no padezco ninguna enfermedad, no padezco ninguna enfermedad en absoluto». De este modo, el paciente repite estas palabras y, al negárselo mentalmente a sí mismo, la enfermedad desaparece. Así pues, si crees que eres débil moralmente y que no tienes bondad, lo acabarás siendo rápidamente. Piensa y cree que tienes un gran potencial y el poder llegará a ti.

203. Bhagavan Sri Râmakandra tuvo que tender un puente sobre el océano antes de que pudiera cruzar a Lamka (Ceilán). Pero Hanumân, su fiel sirviente (un mono), cruzó el océano de un salto gracias a la fuerza de su fe en Râma. En este caso, el siervo consigue más que el maestro, simplemente por medio de la fe.

204. Había un hombre que quería cruzar un río. Un sabio le dio un amuleto y le dijo: «esto te ayudará a cruzarlo». El hombre lo cogió y comenzó a caminar sobre las aguas. Cuando llevaba recorrida la mitad del río, la curiosidad invadió su corazón y abrió el amuleto para ver qué había en su interior. Dentro encontró escrito el nombre sagrado de Râma, escrito en

un trozo de papel. En ese momento, el hombre se preguntó con despre-
cio : «¿y este es el único secreto?». Y en cuanto hubo dicho esto, se cayó
al agua. La fe obra milagros en nombre de Dios y esta es la vida, mientras
que la duda es la muerte.

205. P. ¿Cómo puedo ejercer mi devoción si siempre tengo que estar
pensando en mis tareas cotidianas? R. Aquel para el que trabajas te pro-
porcionará las necesidades. Dios ya tenía previsto apoyarte antes incluso
de que te enviase aquí.

206. P. ¿Cuándo seré libre? R. Cuando desaparezca tu egoísmo y tu yo
se funda con Dios.

207. De todas las cometas de papel que se fabrican para hacerlas volar
por los aires, solo una o dos se sueltan y quedan en libertad. Del mismo
modo, de los cientos de sâdhakas que hay, tan solo uno o dos se liberan de
sus ataduras mundanas.

208. Al igual que un trozo de plomo se disuelve al caer en un recipiente
con mercurio, el alma humana pierde su existencia individual al caer en el
océano de Brâhma.

209. P. ¿Qué opinas sobre la actual forma de preciar la religión? R. Que
está invitando a cientos de personas a cenar cuando solo hay comida para
una sola persona.

210. En lugar de estar predicando para los demás, si uno adora a Dios
todo el tiempo, eso ya es suficiente predicación. El verdadero predicador es
aquel que lucha por ser libre. Vienen cientos por todas partes, aunque no
se sabe de dónde, y solo se enseña al que es libre. Cuando una flor se abre,
las abejas vienen de todas partes sin que se las haya invitado o preguntado.

211. Oh, predicador, ¿acaso posees la insignia de la autoridad? Al igual
que la gente respeta y reverencia al súbdito más humilde que lleva la in-

signia del rey, has de obtener, oh, predicador, el mandato y la inspiración de Dios. Mientras no poseas dicha inspiración, puedes predicar durante toda tu vida, que todo será una pérdida de tiempo.

212. Solo aquel que esté iluminado por la Luz Espiritual podrá ser el verdadero «hombre».

213. El alma encadenada es «el hombre» y el alama libre, «Siva» (Dios).

214. La escala más pesada de una balanza baja cuando la más ligera asciende. De forma similar, aquel que arrastra demasiadas preocupaciones y ansiedades, descenderá al mundo, mientras que aquel que tenga menos preocupaciones ascenderá al Reino de los Cielos.

215. Dios está presente en todos los hombres, aunque no todos los hombres estén presentes en Dios; motivo por el que sufren.

216. Existen dos tipos de hombres. «El conocimiento que te estoy transmitiendo, querido, es de un valor incalculable; retén todo lo que te enseñe», le dijo un gurú a su aprendiz, y este así lo hizo. Sin embargo, cuando el gurú enseñó a otros de sus discípulos, su aprendiz, que sabía lo valioso que era todo lo que sabía y al que no le gustaba disfrutar de todo ello solo, se subió a lo alto de un lugar y comenzó a pregonarlo a todo el mundo. Los avatâres pertenecen a esta segunda clase, mientras que los siddhas pertenecen a la clase anterior.

217. No hay hombre capaz de permanecer en ayuno completamente. Algunos comen a las 9 a.m.; otros lo hacen por la noche; otros, a las 2 p.m.; y otros, por la tarde. De forma similar, todos acabaremos viendo a Dios en algún momento, ya sea en esta vida o en otras muchas.

218. Cuando la fruta madura y cae por su propio peso, tiene un sabor muy dulce. Sin embargo, cuando la fruta está verde y se arranca, deja de madurar de forma artificial, no tiene un sabor tan dulce y acaba marchi-

tándose. Del mismo modo, cuando alguien ha alcanzado la perfección, deja de regirse por el ordenamiento de las diferentes castas. En cambio, hasta que uno no haya adquirido ese conocimiento, uno ha de regirse por las diferencias entre castas.

219. Cuando la tormenta arrecía, es imposible distinguir entre un Asvattha (ficus religiosa) y un árbol de Vata (higuera). Del mismo modo, cuando la tormenta del verdadero conocimiento (el conocimiento de una existencia universal) arrecía, no puede existir distinción entre castas.

220. Cuando una herida se ha curado perfectamente, la costra se desprende por sí sola, mientras que si la costra se arranca antes de tiempo, la herida vuelve a sangrar. De forma similar, cuando el hombre alcanza la perfección del conocimiento, este deja de regirse por las diferencias entre castas, aunque el ignorante no pueda hacer esto mismo.

221. P. ¿Es adecuado mantener el hilo de Brâhman? R. Cuando uno obtiene su propio conocimiento, todas las cadenas se caen por sí solas. Así pues, no existe diferencia alguna entre un brâhmana o un sûdra; entre una casta superior o una casta inferior. En ese caso el hilo sagrado de la casta se aleja de sí mismo. Pero mientras un hombre tenga la conciencia de la distinción y de la diferencia, no debe rechazarla necesariamente.

222. P. ¿Por qué no creas una familia con tu mujer? R. Resulta que una vez el dios Kârtikeya, líder del ejército del Cielo, rascó a un gato con su uña. De vuelta a casa, vio que su madre tenía la marca de un arañazo en la mejilla. Al ver esto, le preguntó:

—Madre, querida, ¿cómo te has hecho ese horrible arañazo en la cara? Y la diosa Durgâ le respondió:

—Hijo, tú me lo has hecho con tu propia uña.

—Pero, madre, ¿cómo es posible?—Kârtikeya le preguntó a su madre—. ¡No recuerdo haberte arañado!

—Querido, ¿acaso has olvidado que has arañado a un gato esta mañana?—le contestó su madre.

—Sí, arañé a un gato, pero ¿cómo ha aparecido el arañazo en tu mejilla?—le espetó Kârtikeya.

—Hijo mío, yo soy todo lo que hay en este mundo—respondío la madre—. Soy toda la creación. Hieras a quien hieras, me herirás a mí.

Esto sorprendió a Kârtikeya y terminó decidiendo no volverse a casar. ¿Con quién se iba a casar? Par él, toda mujer sería su madre. Soy como Kârtikeya. Considero a toda mujer mi Madre Divina.

223. Cuando miro a las mujeres de alta alcurnia, pertenecientes a castas superiores, veo en ellas a la Divina Madre vestida con el atuendo de una mujer casta; y de nuevo, cuando miro a las mujeres de la ciudad, sentadas en sus terrazas abiertas, vestidas con el atuendo de la inmoralidad y la desvergüenza, también veo en ellas a la Madre Divina resplandeciendo, aunque de forma distinta.

224. La luz del gas ilumina varias localidades con diferente intensidad. Pero la vida de la luz, es decir, del gas, procede de una reserva común. Del mismo modo, los profesores de religión son tantos y tan diferentes como postes de luz que emiten la luz del espíritu que fluye continuamente de una misma fuente, el Todopoderoso.

225. Al igual que el agua de la lluvia que se canaliza desde el tejado de una casa a través de tuberías y acequias con forma de cabeza de tigre, vaca o toro—aunque en el caso del agua, esta no pertenezca a las tuberías, sino del cielo—son los sagrados Sâdhus (santos) y las verdades eternas y celestiales se canalizan desde el Todopoderoso al mundo a través de sus bocas.

226. El aullido de todos los chacales es parecido. Así pues, las enseñanzas de todos los sabios del mundo son básicamente una y la misma.

227. Todo lo que produce felicidad en este mundo contiene algo de placer divino. La diferencia entre los ambos es como lo que distingue a la melaza de un dulce refinado.

228. Aquel que está ocupado en los asuntos de los demás se olvida de sus propios asuntos, tanto internos como externos (es decir, no piensa en sus yo superior e inferior, sino que está absorbido por los asuntos de otros yo).

229. Cuando la mente reside en pretensiones malvadas, es como un brâhmana perteneciente a una casta superior que vive con las castas inferiores, o como un hombre adinerado que vive en los barrios pobres de la ciudad.

230. Si un hombre ve a alguien suplicando, naturalmente piensa en casos y causas. De forma similar, al ver a un devoto piadoso, el hombre se acuerda de su dios y del más allá.

231. P. ¿Por qué motivo un profeta no es honrado por su propia familia? R. Los parientes de un malabarista no se congregan a su alrededor para ver su actuación, mientras que los extraños no prestan atención a sus magníficos trucos.

232. Las semillas de Vagravântula no se caen al fondo del árbol. Salen disparadas de la corteza muy lejos, donde acaban echando raíces. Del mismo modo, el espíritu del profeta se manifiesta a lo lejos y solo allí puede ser visto.

233. Siempre habrá una sombra bajo la lámpara mientras que continúe iluminando los objetos cercanos. Del mismo modo, el hombre que se encuentra cerca del profeta no le comprende. No obstante, aquellos que viven alejados de él están maravillados por su espíritu y su poder extraordinario.

234. Las aguas de una corriente que fluye a gran velocidad dan vueltas y vueltas, formando remolinos y torbellinos, pero tras cruzaros, estas retoman su antiguo cauce. Del mismo modo, en ocasiones los corazones de las personas piadosas caen en los torbellinos del abatimiento, la tristeza y la incredulidad, pero no son más que una aberración momentánea. Esto no suele durar mucho.

235. Las ramas de un árbol con muchos frutos siempre cuelgan muy abajo.

Así pues, si quieres llegar a ser grande, sé humilde y bondadoso.

236. La escala más pesada desciende, mientras que la más liviana asciende. Así pues, el hombre habilidoso y de grandes méritos siempre es humilde, pero el necio siempre se esfuma debido a la vanidad.

237. La cólera del bien es como una línea dibujada sobre la superficie del agua, que termina difuminándose rápidamente.

238. Si un paño blanco se mancha un poco de negro, tiene un aspecto muy feo debido al contraste. Así pues, el más mínimo error de un hombre santo termina llamando mucho la atención, en contraste con la pureza que le rodea.

239. La luz del sol es exactamente la misma en cualquier lugar. Sin embargo, las superficies brillantes como la del agua, la de los espejos o la de los metales pulidos, etc., pueden reflejarla completamente. Del mismo modo es la Luz Divina; esta inunda todos los corazones por igual y de forma imparcial, aunque los corazones puros y limpios de los santos y bondadosos sâdhus solo pueden reflejarla de forma parcial.

240. Al igual que uno puede contemplar su reflejo en un panel de cristal en el que se ha vertido mercurio, la imagen del Todopoderoso aparece reflejada en el corazón casto de un hombre que practica rigurosamente la abstinencia.

241. Uno no recibe la iluminación divina mientras no acabe siendo sencillo como un niño. Olvida todo el conocimiento mundano que has adquirido y sé tan ignorante como un niño. En ese momento alcanzarás el conocimiento de la Verdad.

242. Los almanaques hindúes albergan predicciones sobre las precipitaciones anuales. Sin embargo, si se estruja el libro, este no dará ni una gota de agua. Del mismo modo, en los libros se pueden encontrar grandes

enseñanzas, aunque uno no se hará religioso solo leyéndolas. Uno ha de ponerlas en práctica.

243. P. ¿Por qué degeneran las religiones? R. El agua de la lluvia es pura, pero se, dependiendo del medio por el que circula. Si el tejado y el sistema de canalización de la casa están sucios, el agua que llega al suelo saldrá sucia.

244. El dinero solo puede procurar pan y mantequilla. Por lo tanto, no ha de considerarse como el único fin u objetivo.

245. Al igual que se puede estimar el valor del oro o del cobre al rozarlo con una piedra, se puede desenmascarar a un sâdhu sincero y a un hipócrita mediante la persecución y la adversidad.

246. El hierro ha de ser calentado y golpeado varias veces antes de ser un metal resistente. Solo entonces acaba siendo fácil de manejar para poder utilizarse para fabricar una espada, pudiendo ser moldeado a tu gusto. Del mismo modo, un hombre ha de calentarse varias veces en el horno de las tribulaciones y ha de ser golpeado con las persecuciones del mundo, antes de transformarse en alguien puro y humilde.

247. Mantente siempre fiel a tu propia fe, pero aléjate de todo fanatismo e intolerancia.

248. No seas como la rana de la fuente. La rana de la fuente no conoce nada más importante y grandioso que su fuente. Así son todos los intolerantes: son incapaces de ver que haya cosas mejores que sus propias creencias.

249. Había un hombre que adoraba a Siva, pero que odiaba a todos los demás dioses. Un día Siva se le apareció y le dijo: «nunca podré estar satisfecho contigo, mientras continúes aborreciendo a los demás dioses». Pero el hombre era inexorable. Unos días más tarde, Siva volvió a aparecerse. En esa ocasión, se materializó como Hari-Hara, es decir, una parte de su cuerpo era Siva y la otra, Vishnu. Y el hombre se mostró mitad satisfecho

y mitad insatisfecho con su aparición. Colocó las ofrendas en el lado que representaba a Siva y no obsequió a la parte que representaba a Vishnu con nada. Además, cuando le entregó el incienso ardiente a su estimado dios (Siva), fue lo suficientemente cuidadoso y audaz, y le tapó su parte de la nariz a Vishnu (la otra mitad de Hari-Hara) para que no pudiese oler la frangancia. Profundamente disgustado al ver que su siervo era totalmente inexorable, Siva desapareció. Pero el hombre siguió siendo tan interpérrito como siempre. No obstante, los niños del pueblo comenzaron a molestarle, pronunciándole el nombre de Vishnu al oído. Y debido a lo molesto que le resultaba aquello, el hombre se colgó dos campanas de las orejas, que solía hacer sonar en cuanto los niños gritaban el nombre de Vishnu para evitar escucharlo. Y así es como pasó a ser conocido como Ghantâ-karna o el hombre de las campanas en las orejas. A día de hoy se le sigue odiando tanto por su fanatismo que, cada año, durante una época concreta del año, los niños bengalíes rompen su efigie con un garrote; le está bien empleado.

250. Al igual que una joven esposa ama y respeta a su suegro, a su suegra y a cualquier miembro de la familia, al mismo tiempo que ama a su esposo más que al resto; de forma similar, creer profundamente en el dios que elijas (Ishta-Devatâ) no supone despreciar a las demás deidades, sino honrarlas.

251. Un verdadero religioso debería pensar que las demás religiones también son otro camino hacia la verdad. Siempre hemos de respetar las demás religiones.

252. La diferencia entre el brâhmanismo moderno y el hinduismo es como la diferencia entre una sola nota musical y toda la música. La simple nota de Brahman contiene los brâhmas modernos, mientras que la religión hindú está compuesta de varias notas que, en conjunto, producen una agradable y melódica armonía.

253. Hace algunos años, cuando los hindúes y los brâhmas predicaban sus respectivas religiones con verdadera grandeza y mucho entusiasmo, alguien le preguntó a Bhagavân Srî Râmakrishna sobre su opinión acerca

de ambas creencias, a lo que respondió : « veo que mi Madre Divina está haciendo su trabajo en ambas partes ».

254. Hari (de *hri*, robar) significa « aquel que nos roba el corazón » y Haribala significa « Hari es nuestra fuerza ».

255. No se puede ocultar un pecado como el mercurio (cuando un hombre utiliza calomelanos, está claro que tarde o temprano le aparecerán erupciones en la piel).

256. Las lágrimas de arrepentimiento y las lágrimas de felicidad caen por el rabillo del ojo. Las lágrimas de arrepentimiento caen desde la parte cercana a la nariz y las lágrimas de felicidad caen desde el otro lado.

257. No vayas a visitar a un trabajador milagroso. Son vagabundos en el camino hacia la verdad. Sus mentes se han enredado en las redes de los poderes psíquicos, que obstaculizan el camino del peregrino hacia Brahman en forma de tentaciones. Teme dichos poderes y no los desees.

258. Tras catorce años de profundo ascetismo en un bosque solitario, un hombre al fin obtuvo el poder de caminar sobre las aguas. Rebosante de alegría, fue a ver a su gurú y le habló de su gran hazaña. « Querido, lo que has logrado tras catorce años de arduo trabajo, también lo pueden conseguir los hombres mundanos pagándole un penique al barquero », le respondió su maestro.

259. Hubo una vez en la que un joven discípulo de Râmakrishna adquirió el poder de leer el corazón de las personas. Cuando le relató esta experiencia a su maestro, este le reprendió y le contestó : « me avergüenzas, hijo, no gastes tus energías en cosas tan insignificantes ».

260. El lavandero posee una gran tienda de ropa y un rico vestuario, pero todo eso no es suyo. En cuanto lava su ropa, su armario se queda vacío. Los hombres que no tienen pensamientos propios son como el lavandero.

261. La codicia acarrea infortunio, mientras que la alegría es todo felicidad. Un barbero pasaba bajo un árbol encantado cuando escuchó una voz
decir : — «¿aceptarías siete tarros de oro?». El barbero se giró, pero no vio
a nadie. La misteriosa voz volvió a repetir aquellas palabras y aquella oferta
despertó la curiosidad del barbero :

—Cuando el dios misericordioso es tan bueno como incluso para apia-
darse de un pobre barbero como yo, ¿acaso hay algo que decir en si acepto
el amable ofrecimiento que tan generosamente se me ha hecho?

—Vete a casa, ya he llevado los tarros—cambió rápidamente la respuesta.

El barbero corrió a gran velocidad hacia su casa y se quedó embelesado
al ver que los tarros que se le había prometido estaban allí. Los abrió uno
a uno y vio que estaban todos llenos, excepto uno que estaba lleno hasta
la mitad. Y en ese momento, le invadió el deseo de llenar este último. De
modo que vendió todos sus ornamentos de oro y plata, y los convirtió en
monedas con las que llenó el tarro. Pero aun así, el tarro continuó vacío.
Así es como comenzó a hacer pasar hambre tanto a su familia como a él
mismo, al vivir con poca comida y de mala calidad, ya que había utilizado
todos sus ahorros en el tarro. Sin embargo, este continuó tan vacío como
siempre. Más tarde, el barbero solicitó al Rey que le aumentase el sueldo,
puesto que no era suficiente para mantenerle a él y a su familia. Al ser uno
de los preferidos del Rey, este último accedió a cumplir su petición. Así fue
como el barbero empezó a ahorrar todo su sueldo y sus honorarios para
llenar el tarro, pero este no mostró señal de estar lleno. Una vez hecho esto,
pasó a mendigar y llegó a ser más miserable y desgraciado que nunca. Un
día, el Rey, al ver la gravedad de su situación, le preguntó :

—¡Hola! Cuando tu sueldo era la mitad del que recibes ahora, eras
mucho más feliz y estabas más contento, alegre y en forma. Sin embargo,
desde que cobras el doble te veo taciturno, descuidado y abatido. ¿Cuál es
el problema ahora? ¿Has aceptado los siete tarros de oro?

El barberó se sorprendió ante la pregunta y, con las manos entrelazadas,
le preguntó al Rey quién había informado a su majestad sobre aquello.

—Quienquiera que acepte las riquezas de un Yaksha estará condenado
a llevar una existencia de miseria y lamentaciones. Lo he sabido por ese
signo invariable. Deshazte del dinero inmediatamente. No te puedes gastar

un centavo más. Ese dinero es para atesorarlo y no para gastarlo.

Al escuchar el consejo del rey, el barbero recobró la cabeza, volvió al árbol encantado y dijo: «oh, Yaksha, quédate con el oro». Y al regresar a casa vio que los siete tarros habían desaparecido llevándose con ellos los ahorros de toda su vida. No obstante, a partir de entonces comenzó a vivir siendo feliz.

262. Cuando se tiene la tiña, rascarse produce mucho placer, pero la sensación que se tiene después es muy dolorosa e intolerable. Así pues, los placeres de la vida son muy agradables al principio, aunque es terrible contemplar sus consecuencias.

263. P. ¿Cómo es el mundo? R. Es como un fruto Âmlâ: es todo piel y hueso, no tiene casi pulpa y comerlo produce cólicos.

264. Al igual que una persona avara anhela el oro, deja que tu corazón jadee tras Él.

265. Mientras que la expansión divina de nuestro corazón se vea atormentada y perturbada por las ráfagas del deseo, es poco probable que nuestra contemplación halle en sí misma el resplandor de Dios. La visión beatífica solo tiene lugar en el corazón que es tranquilo y que está envuelto por la comunión divina.

266. El espejo sucio nunca refleja los rayos del sol, del mismo modo que aquel cuyo corazón está sucio y es impuro, sujeto a Mâyâ (la ilusión), nunca percibe la gloria del Bhagavân (el venerable). En cambio, la pureza de un corazón ve a Dios, al igual que un espejo limpio refleja el sol. Así que sé un santo.

267. Al igual que la luna brilla de forma distorsionada sobre la superficie de aguas agitadas y embravecidas, el dios perfecto solo resplandece de forma parcial en la mente de un hombre absorto en Mâyâ.

268. ¿Por qué un Bhakta (uno lleno de amor de Dios) abandona todo

por el bien de Dios? Un insecto vuela desde la oscuridad en cuanto ve una luz y la hormiga pierde su vida en la melaza, aunque nunca la abandona. Del mismo modo, el Bhakta se apega a su dios para siempre y abandona todo lo demás.

269. Al igual que uno puede subir al tejado de una casa con una escalera de mano, una caña de bambú, unas escaleras o una cuerda; también son muy diversas las formas de llegar a Dios y todas las religiones del mundo muestran una de estas formas.

270. Si Dios es omnipresente, ¿por qué no lo vemos? Si te encuentras en la orilla de un estanque cuyas aguas están cubiertas por completo de porquería y plantas, pensarás que este no tiene agua. Si quieres ver el agua, aparta la porquería de la superficie del estanque. Si tus ojos están cubiertos por el velo de Mâyâ te quejas de que no puedes ver a Dios. Si deseas verle, quítate el velo de Mâyâ que cubre tus ojos.

271. ¿Por qué no podemos ver a la Madre Divina? Es como una dama de alta alcurnia que trata todos sus asuntos desde detrás de una pantalla, desde donde ve a todos, pero nadie la ve. Solo sus fieles hijos pueden verla, al acercarse a Ella y detrás de la pantalla de Mâyâ.

272. No discutas. Al igual que tú descansas plenamente al tener fe, permite que los demás también gocen de la misma libertad de sus creencias. Mediante la discusión nunca conseguirás convencer a alguien de que ha cometido un error. Cuando la gracia de Dios descienda sobre esta persona, todo el mundo comprenderá sus propios errores.

273. Un labrador estuvo regando un campo de caña de azúcar durante todo el día. Al finalizar su tarea, se dio cuenta de que ni una sola gota de agua había penetrado en el campo; toda el agua se había colado por varios agujeros excavados por ratas. Así es el estado de aquel devoto que venera a Dios, al desear en secreto, desde lo más profundo de su corazón, cosas mundanas (fama, placeres y comodidades). A pesar de rezar todos los días,

no progresa, ya que toda la devoción se cuela por los agujeros excavados por ratas de sus deseos y, al final de la devoción de su vida, es el mismo hombre que era antes y no ha avanzado ni un paso.

274. Al rezar, mantente alejado de aquellos que se burlan y que ridiculizan la piedad y al piadoso.

275. ¿Fue Dios el creador de las sectas? (He aquí un juego de palabras con el término *Dal*, que significa «secta» o «fiesta», así como «la medición del ascenso del nivel del agua estancada de una charca»). El «Dal» no puede crecer en una corriente de agua; solo crece en el agua estancada de las charcas. Aquel cuyo corazón anhela fervientemente a Dios, no tiene tiempo para nada más. Aquel que persigue la fama y el honor forma sectas (Dal). (Cfr. 105).

276. Los Vedas, los Tantras, los Purânas y todas las escrituras sagradas han acabado transformándose, como si hubiesen sido contaminadas (al igual que se ensucia la comida que se nos cae de la boca): han sido repetidas constantemente y han salido de la moca del hombre. Sin embargo, el Brahman y el Absoluto nunca han sido contaminados ya que nadie hasta ahora ha sido capaz de expresar cómo son con palabras.

277. He aquí la parábola de un Brahman y su criado que pertenecía a una casta inferior:

Mâya huye volando en cuanto se la encuentra. Una vez hubo un sacerdote que iba de camino al pueblo de un discípulo. No iba con su criado. Por el camino se cruzó con un zapatero y se dirigió a él:

—¡Hola! ¿Me acompañarías como criado? Comerás bien y estarás protegido. Ven conmigo.

—Reverendo, pertenezco a una casta inferior. ¿Cómo puedo ser su criado? —respondió el zapatero.

—Eso no tiene importancia. No le digas a nadie lo que eres, ni tampoco hagas amigos.

Y así es como el zapatero terminó accediendo. En el crepúsculo, mientras el sacerdote rezaba sentado en la casa de su discípulo, vino otro sacerdote y le dijo al criado:

—Compañero, ve allí y tráeme mis zapatos.

El criado, cumpliendo las palabras de su maestro, no dijo nada y el Brahman se lo volvió a ordenar una segunda vez, pero el criado continuó guardando silencio. El Brahman volvió a insistir, pero el zapatero no se movió ni un centímetro. Al final, ya molesto, el Brahman dijo enfadado:

—Hola, Sirrah! ¿Cómo osas atreverte a no acatar la orden de un Brahman? ¿A qué casta perteneces? ¿Acaso no eres un zapatero?

Al oírlo, el zapatero empezó a temblar de miedo y le dijo al sacerdote con piedad, mirándole:

¡Oh, venerable señor, oh, venerable señor! He sido descubierto. No puedo permanecer aquí más tiempo, déjame huir.

Y diciendo esto, echó a correr.

278. ¿Cuál es la relación entre Gîvâtman yParamâtman? ¿El yo personal y el más alto yo?

Al igual que un tablón de madera se extiende por encima de una corriente de agua, pareciendo que queda dividida en dos, lo indivisible aparece dividido en dos por las limitaciones (Upâdhi) de Mâyâ. En realidad son una única cosa y la misma.

279. Hay pocas probabilidades de que un barco se pierda, siempre cuando su brújula apunte hacia el norte. Así pues, si la mente del hombre—la brújula del barco—siempre apunta hacia el Parabrahman sin oscilar, este se mantendrá siempre alejado de cualquier peligro.

280. El Aadh_ta vio una procesión nupcial que pasaba por un prado con redoble de tambores y trompetas. En el camino por el que pasaba la procesión vio a un cazador completamente concentrado, apuntando a un pájaro, sin escuchar el ruido y el estruendo de la procesión, sin ni siquiera girarse. El Avadhûta, saludando al cazador, dijo: «señor, usted es mi gurú. Ayúdame para que, cuando esté meditando, mi mente esté tan concentrada en el objeto de la meditación como lo estaba al apuntar al pájaro».

281. Un pescador estaba pescando en un estanque. El Avadhûta, al acercarse a él, le preguntó:

—Hermano, ¿qué camino lleva a tal y tal lugar?

En ese momento, la cuerda de la caña comenzó a moverse y tensarse, indicando que el pez había mordido el anzuelo. De forma que el hombre no le respondió, ya que solo estaba concentrado en su caña de pescar. Cuando terminó de pescar se giró y le dijo:

—¿Qué es lo que decías señor?

—Señor, eres mi gurú —le saludó el Avadhûta—. Ayúdame a seguir tu ejemplo cuando esté sentado meditando en el Paramâtman. No dejes que me distraiga antes de terminar con mis devociones.

282. Una garza avanzaba sigilosamente para atrapar a un pez. Detrás de ella, había un cazador apuntando con una flecha, pero el ave estaba totalmente concentrada en su presa. El Avadhûta le dijo a la garza al saludarla: «ayúdame a seguir tu ejemplo cuando esté sentado meditando, para que no me dé la vuelta para ver quién está detrás de mí».

283. Un milano que llevaba un pez en su pico estaba siendo perseguido por una bandada de cuervos y otros milanos, que le chillaban y picoteaban, intentando arrebatarle el pez. Fuese en la dirección que fuese, la bandada de cuervos y milanos le perseguía, chillando y graznando. Harto de ser perseguido, el milano soltó el pez y otro de los pájaros lo atrapó inmediatamente. De esta forma, la bandada de cuervos y milanos dejó de perseguirle inmediatamente para ir tras el otro milano que tenía el pez. Así pues, dejaron en paz al primer milano y este se posó tranquilamente en la rama de un árbol. Al ver a al ave tan tranquila el Avadhûta le saludó: «eres mi gurú, oh, milano. Me has enseñado que mientras el hombre no se deshace de la carga de los deseos mundanos que lleva consigo, no deja de ser molestado y no puede estar tranquilo conisgo mismo».

284. El gurú humano susurra una fórmula sagrada al oído, mientras que el gurú divino respira el espíritu hacia su alma.

285. Si lo que quieres es enhebrar la aguja, haz que el hilo esté punti-agudo y elimina todas las fibras que se hayan deshilachado. Solo así el hilo podrá pasar el hilo por el ojo de la aguja. Así pues, si quieres que tu corazón se concentre en Dios, sé manso, humilde y pobre de espíritu, y deshazte del deseo.

286. Una serpiente vivía en un lugar determinado y nadie se atrevía a pasar por allí, ya que cualquiera que pasaba por el lugar terminaba muerto. Una vez un Mahâtman pasaba por aquel camino y la serpiente salió rápidamente tras el asceta para morderle. Pero al acercársele, la serpiente perdió toda su ferocidad y se quedó abrumada por la bondad del yogui. Al ver la serpiente, el asceta dijo:

—Bueno, amiga, ¿no piensas morderme?

La serpiente estaba abatida y no respondió.

—Hearken, amiga, en el futuro no vuelvas a herir a nadie más —dijo el asceta al ver que la serpiente no respondía.

La serpiente se inclinó y asintió con la cabeza. Así pues, el asceta prosiguió su camino y la serpiente se metió en su agujero. De este modo, comenzó una vida de inocencia y pureza en la que no intentó siquiera herir a nadie. Unas cuantas semanas más tarde, todo el vecindario comenzó a pensar que la serpiente había perdido todo su veneno y que ya no era peligrosa, por lo que todo el mundo comenzó a molestarla. Algunos la apedreaban, otros la arrastraban sin piedad agarrándola de la cola y, de esta forma, sus problemas continuaron. Por suerte, el asceta volvió a pasar por aquel camino y al ver las magulladuras y heridas de la buena serpiente, se quedó conmovido y le preguntó qué es lo que había sucedido:

—Oh, señor, todo esto ha sucedido después de que siguiese su consejo de no herir a nadie más —le respondió la serpiente—, pero no tienen piedad conmigo.

—Querida amiga, solo te aconsejé que no mordieses a nadie, pero no te dije que no pudieses asustar a nadie —le sonrió el asceta—. Aunque no debas morder a ninguna criatura, deberías sisear a todo el mundo para que se alejen de ti.

De forma similar, si vives en el mundo, haz que los demás te teman y respeten. No le hagas daño a nadie, pero al mismo tiempo, no permitas que los demás te lo hagan.

287. Una vez que el pájaro se ha alejado volando de su jaula, esta deja de importarle a su antiguo dueño. Del mismo modo, cuando el pájaro de la vida se ha alejado, nadie se preocupa por el cadáver.

288. Al igual que una lámpara no arde sin aceite, un hombre no puede vivir sin oro.

289, 290. Una vez un Brahman acudió a un rey y le dijo:

—Escuchadme, oh, majestad. Soy un experto en las escrituras sagradas. Estoy intentado enseñar el libro sagrado de Bhâgavata.

El rey, que era el más sabio de los dos, sabía muy bien que un hombre que ha leído el Bhâgavata busca algo más, aparte de conocer su propio yo que el honor y la riqueza en la corte de un rey.

—Ya veo, oh, Brahman. Creo que no habéis leído detenidamente todo ese libro. Os prometo que seréis mi instructor, pero primero id y aprendeos bien las sagradas escrituras.

Así pues, el Brahman se marchó pensando: «qué equivocado está el rey al decir que no conozco bien el Bhâgavata, cuando llevo años y años leyéndolo». Sin embargo, examinó atentamente una vez más el libro y apareció ante el rey. Pero este le volvió a decir lo mismo y el asceta tuvo que regresar. El Brahman estaba muy desconcertado y pensó que este comportamiento del rey tenía que deberse a algo. Así pues, se marchó a casa, se encerró en su armario y se puso a estudiar el libro más concentrado que nunca. Poco a poco comenzó a comprender los significados ocultos; la vanidad de correr tras las burbujas, la riqueza y el honor, los reyes y las cortes, el bienestar y la fama, todos se desvanecieron antes sus ojos destapados. Desde aquel día, se esforzó al máximo para alcanzar la perfección mediante su fe en Dios y no volvió ante el rey. Pocos años después, el rey se acordó del Brahman y acudió a su casa a verle. Al ver al Brahman radiante y lleno de luz y amor divino, se arrodilló y dijo: «veo que ya has descubierto el verdadero significado de las escrituras. Estoy listo para ser tu discípulo y lo deseas».

291. Mientras sople la brisa, esta nos abanica y alivia nuestra sensación de calor, pero cuando la brisa sopla tanto para ricos como para pobres, dejamos de abanicarnos. Debemos reservarnos para alcanzar nuestro objetivo final siempre cuando no recibamos ayuda de arriba. Pero cuando cualquiera recibe esa ayuda, déjale que pare de trabajar y de reservarse.

292. P. ¿Dónde está Dios? ¿Cómo podemos llegar a él? R. En el fondo del mar hay perlas. Solo tienes que bucear hasta las profundidades hasta que consigas las perlas. Así pues, Dios está presente en el mundo, pero has de reservarte para poder verle.

293. ¿Cómo permanece el alma en el cuerpo? Del mismo modo que un pistón permanece dentro de la jeringuilla.

294. El pájaro que encontró en mitad del océano su percha sobre el mástil de un barco, al cansarse de esta, echa el vuelo para buscar un nuevo lugar de reposo, pero, al no haber encontrado nada, regresa a su antigua percha en lo alto del mástil, agotado y exhausto. Del mismo modo, cuando un aspirante ordinario, disgustado por la monotonía de la tarea y la disciplina que le ha impuesto su experimentado maestro (gurú), pierde toda esperanza y, sin tener confianza en sí mismo, se lanza en busca de nuevo asesor. Pero al final estará seguro de que volverá a acudir a su antiguo maestro tras su poco exitosa búsqueda, que, sin embargo, habrá hecho que el aspirante arrepentido aprecie aún más a su maestro.

295. En el mes de junio, un cabritillo estaba jugando cerca de su madre cuando dio un brinco y le dijo que iba a dar un banquete de flores Râs, una especie de flor que crecen en abundancia durante el festival del Râslîlâ. «Bueno, querido», le respondió su madre, «eso no es tan fácil como piensas. Tendrás que superar varias crisis antes de poder dar un banquete de flores Râs. La época que hay entre los próximos meses de septiembre y octubre no es muy propicia para ello; alguien podría tomárselo como un sacrificio en honor a la diosa Durgâ; después, tendrás que volver a pasar la época de Kâlî-pûgâ y, si eres lo suficientemente afortunado como para

escapar de ese periodo, todavía te queda el Gagaddhâtri-pûgâ, época en la que la mayoría de los machos de nuestra tribu que han sobrevivido mueren. Si tu buena suerte te conduce a través de todas estas crisis, superándolas sano y salvo, entonces sí puedes esperar dar un banquete de flores Râs a principios de noviembre». Al igual que la madre de la fábula, no hay que aprobar a toda prisa todas las aspiraciones que nuestra esperanza juvenil puede entretener, recordando las múltiples crisis a las que uno tendría que enfrentarse a lo largo de la vida.

296. La mosca se posa tanto en las llagas del cuerpo como en las ofrendas dedicadas a los dioses, del mismo modo que la mente de un hombre mundano está, por una parte, completamente comprometida con la religión e, inmediatamente, se pierde en los placeres del bienestar y la lujuria.

297. El agua de la lluvia que cae en forma de chorro al suelo desde el tejado de una casa a través desde las bocas esculpidas de cabezas de tigre, y así, parece que cae de la boca de los tigres, cuando en realidad cae del cielo. Del mismo modo, esto ocurre con las instrucciones que salen de la boca de los hombres de Dios, que parece que son pronunciadas por esos mismos hombres, mientras que en realidad proceden del trono de Dios (Véase la enseñanza 225).

298. Al igual que es muy difícil reunir todas las semillas de mostaza que salen de un envoltorio roto y que acaban esparcidas por todas partes, cuando la mente humana corre en diferentes direcciones y está ocupada con muchas cosas del mundo, no es fácil hacer que se concentre en una sola cosa.

299. Al igual que los ladrones no pueden entrar en la casa de la gente que está completamente despierta, si permaneces siempre en guardia, ningún espíritu maligno podrá entrar en tu corazón para robarte la bondad.

Las enseñanzas de Râmakrishna: 300-395

300. El ternero recién nacido parece muy animado, alegre y feliz. Se pasa el día saltando y corriendo y solo se detiene para mamar la leche dulce de las ubres de su madre. Pero en cuanto se le pone una cuerda alrededor del cuello, comienza a languidecer de forma gradual y, lejos de estar feliz, adquiere un aspecto de abatimiento y tristeza, y termina consumido casi en su esqueleto. Así pues, mientras un niño permanezca ajeno a lo que ocurre en el mundo, será tan feliz como largos son los días. Sin embargo, en cuanto sienta el peso de las responsabilidades de un hombre de familia, al quedar atado al tiempo y al mundo por el lazo indestructible del matrimonio, dejará de irradiar alegría. En ese momento, adopta un aspecto de abatimiento, preocupación y ansiedad, perdiendo el sano colorido de sus mejillas, mientras que las arrugas comienzan a aparecer de forma gradual en su frente. Bendito sea aquel que continue siendo un niño durante toda su vida, libre como el aire de la mañana, fresco como una flor que acaba de florecer y puro como una gota del rocío.

301. Una barca puede permanecer en el agua, pero el agua no puede permanecer en una barca. Un aspirante puede vivir en el mundo, pero el mundo puede no vivir en él.

302. Aquel que piensa que su guía espiritual es un mero hombre no puede obtener ningún beneficio.

303. Debes decir lo que creas que debes decir. Deja que exista una armonía entre tus pensamientos y tus palabras. De no ser así, si solo te limitas a decir que Dios es tu todo en todo, mientras que tu mente concibe el mundo como su todo en todo, no podrás obtener beneficio alguno.

304. Una planta pequeña siempre debería estar protegida por una valla del peligro que suponen las cabras, las vacas y los niños traviesos. Pero cuando esta se convierte en un gran árbol, un rebaño de cabras o un hato de vacas puede cobijarse bajo sus ramas y saciar su apetito con sus hojas. Así pues,

cuando tienes poca fe en ti, debes protegerla de las malvadas influencias de la mala compañía y de la mundanería. No obstante, una vez se ha recuperado la fe, ni la mundanería ni las tendencias perversas osarán acercarse a tu presencia divina y muchos de aquellos que son crueles se convertirán en devotos con que tan solo les toques con tu tacto divino.

305. Si lavas el cuerpo de un elefante y lo dejas en libertad, este acabará ensuciándose con el tiempo, pero si después de lavarlo, lo atas en su propia habitación, este seguirá estando limpio. Del mismo modo, si alguna vez tu espíritu acaba siendo puro gracias a las influencias de los beatos y adquieres la libertad de poder mezclarte libremente con hombres mundanos, acabarás perdiendo pronto esa pureza. Pero si mantienes tu mente concentrada en tu dios, no volverás a ensuciar tu espíritu.

306. ¿Dónde reside la fuerza de un aspirante? En sus lágrimas. Al igual que una madre le consiente todo lo que desea al terco de su hijo, que siempre se pone a llorar, Dios concede al quejicoso de Su hijo todo por lo que llora.

307. Medita sobre Dios tanto en un rincón desconocido, como en la soledad del bosque o en tu propia mente.

308. Entona el dulce nombre de Hari (Dios), continúa aplaudiendo todo el rato y entonces adquirirás la concentración mental. Si aplaudes sentado debajo de un árbol, los pájaros saldrán volando de las ramas hacia todas las direcciones, del mismo modo que si aplaudes y entonas el nombre de Hari, todos los pensamientos malignos huirán de tu mente.

309, 310. Al igual que se puede servir el mismo pescado en sopa, curry o cortado en filetes, y cada uno tiene su propia preferencia, el Señor del Universo, aunque es uno solo, se manifiesta de forma distinta según los diferentes gustos de Sus fieles y cada uno de ellos tiene su propio sabor de Dios que más valoran. Para algunos, Dios es una especie de maestro o de padre cariñoso, una madre entrañable que sonríe o un amigo fiel, y para otros es un marido fiel o un hijo obediente y atento.

311. Inclínate y venera donde los demás se arrodillen, por donde tantos corazones han estado pagando el tributo de la adoración y el Señor se manifestará, siendo todo misericordia.

312. Existen hombres que, aunque no haya nada que les atraiga de este mundo, crean algunas ataduras por ellos mismos y, de este modo, tratan de encadenarse a este mundo. No quieren y no les gusta ser libres. Por lo general, un hombre que no tiene familia por la que preocuparse ni familiares a los que cuidar suele adoptar a un gato, un mono, un pero o un pájaro como animal de compañía para, así, saciar su sed de leche, bebiendo mero suero. Así es el poder que ejercen sobre la humanidad Mâyâ o de la Necedad.

313, 314. Un enfermo con fiebre alta y mucha sed se imagina que puede beberse todo un océano de agua. Sin embargo, cuando la fiebre desaparece y recobra su temperatura normal, apenas puede beberse un vaso de agua y saciar su sed inmediatamente con unos cuantos tragos del mismo. Del mismo modo, un hombre que se encuentra bajo la excitación febril de Mâyâ y que se ha olvidado de su pequeñez, se imagina que puede abarcar la totalidad de Dios en su seno, pero cuando la ilusión desaparece un único rayo de luz divina puede ser suficiente para inundar su interior eterna bienaventuranza divina.

315. Un hombre bajo los efectos de la fiebre y sediento en exceso es colocado entre una hilera de jarras de agua fría y un conjunto de botellas descorchadas de salsas. ¿Acaso es posible, en este caso, que el enfermo sediento e intranquilo se abstenga tanto de beber agua como de probar las salsas que tiene a su alcance, aunque por consiguiente su caso empeore? Este es el caso del hombre que está bajo la influencia del furor de sus sentidos cada vez más activos y engañosos cuando se encuentra ente la atracción de los encantos de una mujer por un lado y los del bienestar por otro. En ese caso, le resulta difícil comportarse adecuadamente y es muy posible que se desvíe a menudo de su verdadero camino y, de este modo, empeorar su caso.

316. Nadie osa guardar leche en un recipiente en el que anteriormente

se hubiese formado cuajada, no sea que la misma leche acabe cuajando. Tampoco se puede utilizar el recipiente de forma segura con otros propósitos, no sea que se resquebraje al ponerlo al fuego. Por lo tanto, este no sirve para casi nada. Un perceptor bueno y experimentado no le confía a un hombre mundano preceptos valiosos y exultantes, ya que este acabará malinterpretándolos y haciendo un mal uso de ellos para conseguir sus propios propósitos. Tampoco le pedirá que haga ninguna tarea útil que pueda costarle un poco de esfuerzo, no sea que piense que el preceptor se esté aprovechando de él.

317. Cuando una cantidad concreta de leche se mezcla con el doble de agua, se tarda mucho tiempo y cuesta más trabajo espesarla para que adquiera la consistencia de Kshîra (la leche condensada). La mente de un hombre mundano está ampliamente diluida con el agua sucia de los pensamientos perversos e impuros y requiere mucho tiempo y trabajo antes de que se pueda hacer algo para purificarla y darle una consistencia adecuada.

318. Las vanidades de todos los demás pueden ir desapareciendo de forma gradual, pero es difícil desgastar la vanidad de un santo, en lo que respecta a su santidad.

319. De todos los granos de arroz que se fríen en una sartén, los pocos que saltan fuera de la sartén son los que mejor fritos están, sin tener la más mínima marca. Sin embargo, cualquiera de los granos de arroz fritos en la sartén tendrá, por lo menos, una pequeña marca de haberse chamuscado o quemado. Del mismo modo, de todos los buenos devotos, aquellos pocos que, en su conjunto, se desentienden del mundo y salen de él son perfectos sin quedar manchados, aunque incluso los mejores devotos del mundo deben tener por lo menos alguna mancha de imperfección en su carácter.

320. No podemos afirmar que Dios sea misericordioso porque nos alimente, puesto que todo padre ha de dar de comer a sus hijos. Sin embargo, cuando evita que nos extraviemos o que caigamos en tentaciones, en ese momento, sí que es verdaderamente misericordioso.

321. Si eres capaz de detectar y de descubrir la ilusión universal o Mâyâ, esta huirá de ti, del mismo modo que un ladrón huye al ser descubierto.

322. El fuego no tiene una forma determinada, pero al arder adopta formas y es así como el fuego sin forma adopta formas. De forma similar, a veces, el dios que carece de forma se manifiesta bajo formas determinadas.

323. ¿Hay que orar en voz alta a Dios? Órale como quieras. Él te escuchará, ya que es incluso capaz de escuchar los pasos de una hormiga.

324. Aquel que trata de proporcionar a alguien una idea de Dios basada en lo que ha aprendido gracias a los libros es como el hombre que trata de proporcionar una idea de Kâsî (Benarés) mediante un mapa o un dibujo.

325. Un hombre comenzó a cavar un pozo, pero tras haber excavado hasta una profundidad de diez metros, no encontró ni rastro del agua que había caído en primavera, que se suponía que iba a abastecerle. Así pues, abandonó la excavación y escogió otro lugar para cavar su pozo. Allí llegó a cavar más profundo que antes, pero aun así no encontró agua. De este modo, escogió otro lugar y cavó aún más profundo que en la ocasión anterior, pero su esfuerzo volvió a ser en vano. Finalmente, acabó harto y se rindió. La suma total de la profundidad de estos tres pozos alcanzaba casi los cuarenta y seis metros. Si hubiese tenido la paciencia de excavar incluso la mitad de todo lo que excavó en el primero de los pozos, sin estar cambiando de lugar del pozo de un sitio a otro, seguro que habría conseguido encontrar agua. Esto mismo ocurre en el caso de los hombres que cambian constantemente de postura en lo que a la fe se refiere. Para tener éxito hemos de dedicarnos completamente a un único objeto de fe, sin dudar de su eficacia.

326. A pesar de que en un grano de arroz se considere que la semilla es la única cosa necesaria (para la germinación y el crecimiento), mientras que la cascarilla es considerada de poca importancia, aun así, si se descascarilla el grano y se planta en la tierra, este no brotará ni crecerá como una planta

que produzca arroz. Para conseguir un cultivo, uno ha de plantar el grano con la cascarilla. Sin embargo, si uno quiere llegar al estado de la germinación, este ha de quitar primero la cascarilla de la semilla. Del mismo modo, los ritos y las ceremonias son necesarios para el crecimiento y la perpetuación de la religión. Son los recipientes que contienen las semillas de la verdad y que, por consiguiente, todo hombre ha de realizarlos antes de obtener la verdad universal.

327. La ostra que contiene la valiosa perla es en sí de poco valor, aunque es esencial para el crecimiento de la perla. La concha en sí no tiene ninguna utilidad para el hombre que ha cogido la perla, al igual que tampoco son necesarios los ritos y las ceremonias para aquel que ha alcanzado la mayor de las verdades, Dios.

328. Un leñador llevaba una vida miserable gracias a lo poco que podía conseguir mediante la venta diaria de la carga de madera que traía de un bosque cercano. Una vez un Samnyâsin que caminaba por el bosque le vio trabajando y le aconsejó que continuase en los claros de las profundidades del bosque, dándole a entender que de esa forma saldría ganando. El leñador le hizo caso y se adentró en el bosque hasta que se topó con un árbol de sándalo y, al estar mucho más contento, taló tantos árboles de sándalo como podía transportar y los vendió en el mercado, ganando un mayor beneficio. Entonces comenzó a pensar por qué el buen Samnyâsin no le había hablado de la madera del árbol de sándalo, en lugar de aconsejarle que continuase talando en las profundidades del bosque. Así pues, al día siguiente se aventuró más allá del lugar en el que crecían los árboles de sándalo y acabó descubriendo una mina de cobre. El leñador cogió todo el cobre que pudo y, tras venderlo en el mercado, obtuvo unas ganancias incluso mayores. Al día siguiente, sin detenerse en la mina de cobre, prosiguió caminando, tal y como el Sâdhu le había aconsejado, y halló una mina de plata. El leñador cogió toda la que pudo y, tras venderla toda, obtuvo aún más dinero. De este modo, el leñador continuó adentrándose cada día más y más lejos y descubrió minas de oro y de diamante hasta que al final se hizo excesivamente rico. Lo mismo sucede en el caso del hombre que

aspira a alcanzar el verdadero conocimiento. Si no se detiene tras haber logrado unos cuantos poderes extraordinarios y sobrenaturales, al final acaba siendo verdaderamente rico en cuanto al conocimiento eterno de la verdad.

329. Si primero te embadurnas la palma de las manos con aceite y abres la fruta del árbol de jaca, el jugo pegajoso que produce la fruta no se te pegará a las manos ni te causará ningún problema. Así pues, si primero te fortaleces con el verdadero conocimiento del Yo Universal y después vives en la bruma del dinero y las mujeres, estas no te afectarán en absoluto.

330. Aquel que desee aprender a nadar tendrá que intentar nadar durante unos días. Nadie puede aventurarse a nadar en el mar habiendo practicado solo un día. Así pues, si quieres nadar en el océano de Brahman, primero has de intentarlo muchas veces sin lograrlo antes de que consigas nadar en él.

331. ¿Cuándo consigue un hombre su salvación? Cuando su muere su egoísmo.

332. Cuando una espina afilada se clava en la planta de un pie, uno coge otra espina para quitarse la anterior y, después, se deshace de ambas. Del mismo modo, el conocimiento relativo puede deshacerse de la ignorancia relativa que ciega los ojos del Yo. Ya que tanto el conocimiento como la ignorancia están comprendidos dentro de la Necedad, el hombre que alcance el Gñâna más alto, o el conocimiento del Todopoderoso, acaba deshaciéndose tanto del conocimiento como de la ignorancia, siendo él mismo libre de toda dualidad.

333. Para beber agua pura de un estanque poco profundo, uno ha de tener cuidado al coger el agua de la superficie y no agitarla. Si se agita el agua, los sedimentos del fondo ascenderán a la superficie y harán que el agua se tiña de marrón. Si deseas ser puro, ten mucha fe, continua poco a poco con tus prácticas religiosas y no gastes tus energías en debates y discusiones espirituales inútiles. De no ser así, el cerebro se ensuciará al igual que el agua del estanque.

334. Si este cuerpo es transitorio y no merece la pena, ¿por qué los hombres piadosos y los devotos lo cuidan? Nadie se preocupa por una caja vacía. Todos protegen un cofre lleno de joyas preciosas, oro y artículos de valor. El alma piadosa no puede evitar cuidar el cuerpo en el que reside Dios, puesto que todos nuestros cuerpos forman el patio de recreo de Dios.

335. El bambú tierno se puede doblar con facilidad, pero el bambú ya maduro se rompe al intentar doblarlo. Es fácil doblegar un corazón joven hacia el bien, pero el corazón del anciano huye al intentar ser dominado.

336. La locomotora arrastra fácilmente un tren de vagones muy pesados. Del mismo modo, los devotos de Dios, firmes en su fe y devoción hacia Él, no sufren al experimentar todas las preocupaciones y ansiedades de la vida, y conducen junto a ellos a muchos hombres hasta Dios.

337. Todo hombre debería seguir los preceptos de su religión. Un cristiano debería acatar los preceptos del cristianismo, un musulmán debería acatar los preceptos del islam, etc. Para los hindúes, la senda antigua, la senda del Aryan Rishis, es la mejor.

338, 339. Solo él es el verdadero hombre al que ilumina la luz del verdadero conocimiento. Los demás solo son hombres de nombre.

340. La brújula magnética siempre apunta hacia el norte y, por consiguiente, el navío nunca pierde el rumbo. Así pues, mientras el corazón del hombre apunte hacia Dios, este no podrá perderse en el océano de la mundanería.

341. Al igual que las doncellas de los pueblos de la India llevan cuatro o cinco cántaros de agua sobre la cabeza, mientras van hablando entre ellas durante el camino sobre sus propias alegrías y desdichas, sin que se les derrame una sola gota de agua, así es como ha de caminar el viajero en su camino de la virtud. Sean cuales sean las circunstancias en las que se encuentre, deja siempre que haga caso a su corazón para que no se desvíe de

su verdadero camino.

342. En nuestras obras de teatro en las que se representa la vida y hazañas de Krishna, la función comienza con un redoble de tambores y un cántico en voz alta que dice: «oh, Krishna, ven; ven, oh, misericordioso». Pero la persona que interpreta el papel de Krishna no presta ninguna atención a este ruido y alboroto y continúa charlando y fumando en su camerino, detrás del escenario. En cambio, en cuanto cesa todo el ruido, el sabio piadoso de Nârada sale al escenario acompañado por una dulce y delicada melodía, y hace un llamamiento a Krishna para que salga con su corazón rebosante de amor, Krishna se percata de que no puede continuar dando la espalda y sale al escenario apresuradamente. Mientras el devoto religioso grite «vamos, oh, Señor; vamos, oh, Señor» mediante oraciones de boquilla, el Señor jamás aparecerá. Pero cuando el Señor aparezca, el corazón del devoto se derretirá por la emoción divina y sus gritos en voz alta cesarán. El Señor no puede retrasarse cuando el hombre Le llama desde lo más profundo de su corazón rebosante de verdadero amor y devoción.

343. No existe camino más seguro y llano que el de ba-kalamâ (sic). Ba-kalamâ significa renunciar al yo ante la voluntad del Todopoderoso, no tener conciencia de que cualquier cosa es «mío».

344. ¿Cuál es la naturaleza de la dependencia absoluta? Es aquel estado feliz de comodidad que siente un trabajador cansado cuando fuma tumbado sobre su almohada tras un duro día de trabajo; se trata del cese de todas las ansiedades y preocupaciones.

345. Al igual que el viento se lleva volando las hojas secas de un lado a otro sin que estas se opongan, aquellos que dependen de Dios se mueven según Su voluntad y pueden no tener voluntad y no mostrar resistencia propia.

346, 347. ¿Qué opinas del hombre que es un buen orador y predicador, pero cuya espiritualidad no está desarrollada? Es como una persona que malgasta la propiedad de otra que le ha dejado al confiar en ella. Puede aconsejar a otras personas con facilidad, puesto que no le cuesta nada, ya que las ideas que expresa no son suyas, sino que son prestadas.

348. Un hombre mundano es más conocido por su antipatía que por sus conocimientos religiosos. No le gusta escuchar cualquier música o salmo sagrado, o pronunciar el nombre sagrado de Dios e incluso convence a los demás de que hagan lo mismo. Se burla de todas las oraciones y derrama un aluvión de críticas sobre todas las sociedades religiosas y los hombres.

349. Al igual que el niño que se aferra a un poste o a un pilar y gira alrededor de él rápidamente sin miedo a caerse, cree profundamente en Dios, realiza tus tareas mundanas y quedarás libre de cualquier peligro.

350. Al igual que una mujer impura, ocupada haciendo las tareas del hogar, está todo el tiempo pensando en su amante secreto, incluso en ese caso, oh, hombre del mundo, cumple tus tareas mundanas, pero lleva siempre a Dios en tu corazón.

351. En una familia rica, una nodriza cría al hijo de su señor, se encariña con el bebé como si fuese suyo, pero sabe bien que no tiene ningún derecho en cuanto a este. Del mismo modo, pensad que no sois más que custodios y guardianes de vuestros hijos, cuyo verdadero padre es Dios en los cielos.

352. Es inútil estudiar minuciosamente las sagradas escrituras y los Shastras si no se posee una mente privilegiada y desapasionada. No se puede alcanzar el progreso espiritual sin la discriminación (Viveka) y la falta de pasión (Vairâgya).

353. Conócete a ti mismo y podrás conocer el no yo y al Señor del todo. ¿Qué es mi ego? ¿Es mi mano, mi pie, mi carne, mi sangre, mi músculo o mi tendón? Reflexiona sobre ello profundamente y te darás cuenta de que no existe tal cosa como el yo. Al igual que cuando se pela continuamente una cebolla, al analizar el ego uno se percata de que no existe una entidad correspondiente al ego. El resultado definitivo de dicho análisis es Dios.

Cuando el egoísmo se desvanece, la Divinidad acaba manifestándose.

354. La verdadera práctica devocional y espiritual adecuada a esta Edad de Hierro (Kâlî-yuga) es la continua repetición del nombre del Señor del Amor.

355. Si deseas ver a Dios, cree profundamente en la eficacia de repetir el nombre de Hari e intenta discriminar la verdadera forma de lo irreal.

356. Cuando se suelta a un elefante, este comienza a arrancar árboles y arbustos, pero en cuanto el conductor le clava un dardo en la cabeza, el elefante se queda en silencio. Del mismo modo, cuando la mente pierde el control y se rinde ante la exuberancia de los pensamientos ociosos, pero recobra la calma en cuanto se le clava el dardo de la discriminación.

357. Las prácticas devocionales únicamente son necesarias mientras no se derramen lágrimas de éxtasis al escuchar el nombre de Hari. Aquel cuyo corazón rompe a llorar al escuchar tan solo el nombre de Hari no necesita prácticas devocionales.

358. La compañía del santo y del sabio es uno de los principales elementos del progreso espiritual.

359. El alma se reencarna en un cuerpo sobre el que estaba pensando justo antes de abandonar este mundo. Por lo tanto, las prácticas devocionales pueden considerarse como muy necesarias. Cuando se consigue que en la mente no surjan ideas mundanas mediante una práctica constante, la idea de Dios inunda el alma y no la abandona ni al borde de la eternidad.

360. ¿Cómo debe uno amar a Dios? Del mismo modo que una verdadera mujer casta ama a su marido o que el avaro ama su riqueza acumulada, el devoto debería amar al Señor en cuerpo y alma.

361. ¿Cómo podemos conquistar al viejo Adán que hay en nosotros?

Cuando la fruta crece a partir de la flor, los pétalos de la flor caen. Del mismo modo, cuando la divinidad crece en ti, las debilidades de la naturaleza humana desaparecerán por voluntad propia.

362, 363. ¿Cuándo desaparece la atracción de los placeres sensuales y mundanos? En Dios, que es la dicha indivisible que siempre ha existido, hay una consolidación de todas las felicidades y placeres. Aquellos que pueden disfrutarlo no pueden encontrar ninguna atracción en los baratos y despreciables placeres del mundo.

364. ¿En qué condición de la mente tiene lugar la visión de Dios? Se puede ver a Dios cuando la mente está tranquila. Cuando las aguas del mar mental están embravecidas debido a los vientos del deseo, no puede reflejar a Dios y, por lo tanto, la visión de Dios es imposible.

365. ¿Cómo podemos hallar a nuestro Dios? Tras haber lanzado el anzuelo y el cebo al agua, el pescador, ansioso por pescar un gran rohu, espera pacientemente durante horas observando el agua hasta que el pez muerde el anzuelo. De forma similar, el devoto que continua con sus devociones pacientemente seguramente acabará hallando a su Dios.

366. El corazón de un pecador es como el pelo rizado. Por mucho que lo estires, nunca lograrás que se quede liso. Así pues, no se puede cambiar fácilmente el corazón del malvado.

367. El conocimiento lleva a la unidad y la ignorancia, a la diversidad.

368, 369. La sociedad de los hombres piadosos es como el agua con la que se lava el arroz. El agua del arroz disipa la intoxicación. Así pues, la sociedad de los piadosos absuelve a los hombres mundanos de su intoxicación, intoxicados por el vino de los deseos.

370. Cuando el representante de un Zemindar rico entra en el mofussil o en el interior, es un tirano con los inquilinos. Pero cuando este vuelve a

la sede, cambia sus formas ante su superior, se vuelve muy piadoso, trata a los inquilinos amablemente, consulta todas las quejas e intenta ser justo de forma imparcial para todo el mundo. Incluso el miedo al propietario y el efecto de su sociedad hacen que el representante tiránico se convierta en alguien bueno. Esto mismo consigue hacer la sociedad de los piadosos que consigue que los malvados sean honrados, despertando en ellos pavor y veneración.

371. La mayor parte de la madera colocada sobre un fuego acaba secándose rápidamente y, en último lugar, comienza a arder. De forma similar, la sociedad de los piadosos ahuyenta la humedad de la codicia y de la lujuria de los corazones de los hombres y mujeres mundanos y, después, el fuego de Viveka (la discriminación) arde en su interior.

372. ¿Cómo debería uno vivir su vida? Al igual que de vez en cuando se agita el fuego de un hogar con un hierro para avivarlo y evitar que se apague, la mente debería estimularse de forma ocasional mediante la sociedad de los piadosos.

373. Al igual que el herrero insufla aire ocasionalmente al fuego con el fuelle para mantenerlo avivado, la mente debería mantenerse avivada por la sociedad de los piadosos.

374. Deja caer una tarta de harina que todavía no ha sido horneada en manteca caliente; esto producirá una especie de ruido fruto de la ebullición. Pero cuanto más hecha esté, menos ruido hará y si está completamente hecha, el sonido cesará de inmediato. Así pues, mientras que un hombre no tenga un gran conocimiento, este continua dando lecciones y predicando, pero cuando obtiene la perfección del conocimiento, deja de manifestarse de forma inútil.

375. Aquel hombre que, viviendo en la bruma de las tentaciones del mundo, atrae la perfección es el verdadero héroe.

376. Hemos de bucear hasta las profundidades del océano de eterna dicha inteligente. Que no se les tenga miedo a los monstruos de las profundidades del mar, la Avaricia y la Rabia. Protégete con el escudo de la Discriminación y de la falta de pasión (Viveka y Vairâgya) y dichos caimanes no se te acercarán, puesto que el aroma del escudo es demasiado fuerte para ellos.

377. Al entrar inevitablemente en lugares en los que puede que haya tentación, lleva siempre contigo el pensamiento de la Madre Divina. Ella te protegerá de los numerosos males que pueden estar al acecho, incluso en el corazón. ¿Acaso la presencia de la madre no puede ahuyentar los actos y los pensamientos malvados?

378. ¿Cómo podemos conquistar el amor de la vida? El cuerpo humano está compuesto de elementos en descomposición: de carne, de sangre y de hueso. Es un conjunto de carne, hueso, tuétano, sangre y otras sustancias sucias condenadas a la podredumbre. Por lo que, al analizar el cuerpo, nuestro amor se desvanece.

379. ¿Debe el devoto vestirse de una forma en particular? Que elija una vestimenta adecuada es algo positivo. Un hombre nunca podrá decir nada divino o profano, o entonar una canción profana, si viste las togas naranjas de Samnyâsin o si lleva la pandereta y los platillos de los mendicantes religiosos. En cambio, un hombre elegante que vista como un novio tendrá el tenderá, naturalmente, a pensar cosas mundanas o a cantar canciones mundanas.

380. En ocasiones la paz reina en el corazón, pero ¿por qué nunca dura mucho? El fuego de la quema de bambú termina extinguiéndose rápidamente, a menos que sea avivado constantemente. La devoción continua es necesaria para mantener viva la llama de la espiritualidad.

381. Aquellos que viven en el mundo y que tratan de encontrar la salvación son como soldados que luchan protegidos por un fuerte, mientras que los

ascetas que renuncian al mundo en busca de Dios son como soldados que luchan en un campo de batalla. Luchar desde un fuerte es más seguro que luchar en un campo de batalla (¿es esto cierto o habría que sopesarlo?).

382. Rézale a la Madre Divina con esta sabiduría. Oh, madre, proporcióname el amor que no conoce la incontinencia y la fe diamantina que no puede ser sacudida.

383. Al igual que las personas que viven en una casa infestada de serpientes venenosas siempre están alerta, los hombres que viven en el mundo siempre deberían estar en guardia para evitar las tentaciones de la lujuria y la codicia.

384. Si una jarra de agua tiene un pequeño agujero, toda el agua caerá a través del pequeño orificio. De forma similar, si el neófito tiene la mínima muestra de mundanería, todos sus esfuerzos caerán en saco roto.

385. Cuando se elabora la mantequilla removiendo el suero de la leche, no ha de dejarse en el mismo recipiente en el que están los restos de suero de la leche, ya que entonces se pierde algo de su dulzor y su consistencia. Ha de dejarse reposar en agua pura y en un recipiente distinto. Así pues, después de alcanzar parte de la perfección del mundo, si uno sigue mezclándose con los hombres mundanos y permanece sumido en la bruma del mundo, es posible que acabe contaminado. En cambio, seguirá siendo puro si se mantiene al margen del mundo.

386. Es imposible vivir en una habitación cubierta de hollín sin mancharse el cuerpo hasta cierto punto, por muy pequeña que esta sea o por mucho cuidado que se tenga. Así pues, si un hombre o una mujer vive con otra persona del sexo opuesto y de su misma edad, por mucho que controle su pasión, seguro que se le pasará algún pensamiento impuro por la mente.

387. Se dice que dos personas iniciaron el ritual de invocación de la diosa Kâlî mediante el terrible proceso denominado «Savasâdhana» (esta invo-

cación tántrica se realiza en un cementerio, en el que el invocador se siente sobre un cadáver en una noche oscura). Uno invocador terminó volviéndose loco por el miedo que le produjeron los horrores de la primera parte de la noche, mientras que el otro recibió la visión de la Madre Divina al final de la noche. Y en ese momento le preguntó: «madre, ¿por qué se ha vuelto loco el otro hombre?». A lo que la deidad le respondió: «tú también te volviste loco muchas veces durante tus nacimientos anteriores, oh, hijo, y ahora al fin me ves».

388. Existen varias sectas entre los hindúes, así que ¿qué secta o credo deberíamos adoptar? Una vez Pârvatî le preguntó a Mahâdeva: «¡Oh, señor! ¿Cuál es el origen de la dicha eterna?» A lo que Mahâdeva le contestó: «su origen es la fe». Las peculiaridades de los credos y las sectas importan poco o nada. Deja que cada uno practique con fu su creencia y los mandamientos de su credo.

389. Al igual que a un niño o a una niña les es completamente ajeno lo que es el afecto conyugal, un hombre mundano no puede comprender en absoluto el éxtasis de la comunión divina.

390. El cuerpo es transitorio y tiene poca importancia. Pero entonces ¿por qué lo cuidamos tanto? A nadie le importa una caja vacía. Pero la gente suele quedarse a menudo la caja que contiene dinero u otras pertenencias de valor. El virtuoso no puede hacer otra cosa que cuidar el cuerpo, templo del alma en la que Dios se ha manifestado o que ha sido bendecido por el advenimiento de Dios.

391. ¿Durante cuánto tiempo es capaz el hombre de mantener su piedad? Mientras esté en el fuego, el hierro estará al rojo vivo. Pero en cuanto este sea retirado del fuego, se volverá negro. Así pues, mientras el ser humano esté comunicado con Dios, será piadoso.

392. La arcilla húmeda admite ser moldeada, pero la arcilla cocida no. Así pues, aquellos cuyos corazones están consumidos por el deseo de las

cosas mundanas no pueden dar con grandes ideas.

393. El agua y sus burbujas son lo mismo y estas nacen en el agua, flotan en el agua y, en última estancia, se disuelven en el agua. Del mismo modo, el Gîvâtman y el Paramâtman son lo mismo, solo que la diferencia entre ambos es de niveles: uno es finito y pequeño, mientras que el otro es infinito; uno es dependiente, mientras que el otro es independiente.

394, 395. Cuando al renacuajo se le cae la cola, este puede vivir tanto en el agua como en la tierra. Cuando la cola de la ignorancia se acaba desprendiendo, el hombre obtiene la libertad. A partir de entonces, este puede vivir tanto en Dios como en el mundo.

www.ingramcontent.com/pod-product-compliance
Lightning Source LLC
Chambersburg PA
CBHW031847090426
42741CB00005B/385